全国食品药品监管人员培训规划教材

医疗器械部分

医疗器械监管执法文书

YI LIAO QI XIE JIAN GUAN ZHI FA WEN SHU

国家食品药品监督管理局人事司
国家食品药品监督管理局高级研修学院　组织编写

中国医药科技出版社

内容提要

　　本书是全国食品药品监管人员培训规划教材之一，是依据《2008~2012年全国医疗器械监管人员培训指导大纲》的基本要求编写而成。本书属于实务类教材。通过对医疗器械行政执法实践中执法文书实务类问题的分析，提供了可操作性指导，力争提升执法人员在医疗器械行政执法实践中文书书写方面的实践操作技能。本书主要从医疗器械行政处罚和行政许可两方面，对医疗器械行政处罚和行政许可方面的执法文书的书写进行了阐述，并针对药品监督行政处罚程序规定进行了专章解读，以期满足实际医疗器械监管工作需要。对一些需要拓展的内容，以知识链接的形式列举，供学员进行参考。

　　本书适合药品和医疗器械监管执法人员培训使用，也可作高等学校药事管理专业及医药行业从业人员培训和自学使用。

图书在版编目（CIP）数据

医疗器械监管执法文书/国家食品药品监督管理局人事司，国家食品药品监督管理局高级研修学院组织编写．—北京：中国医药科技出版社，2013.1

全国食品药品监管人员培训规划教材

ISBN 978－7－5067－6043－0

Ⅰ．①医…　Ⅱ．①国…　②国…　Ⅲ．①医疗器械－监管制度－行政执法－法律文书－写作－中国－技术培训－教材　Ⅳ．①D926.13

中国版本图书馆CIP数据核字（2013）第057467号

美术编辑　　陈君杞
版式设计　　郭小平

出版　　中国医药科技出版社
地址　　北京市海淀区文慧园北路甲22号
邮编　　100082
电话　　发行：010－62227427　　邮购：010－62236938
网址　　www.cmstp.com
规格　　787×1092mm $^1/_{16}$
印张　　11 $^1/_2$
字数　　158千字
版次　　2013年1月第1版
印次　　2013年10月第2次印刷
印刷　　北京市松源印刷有限公司
经销　　全国各地新华书店
书号　　ISBN 978－7－5067－6043－0
定价　　32.00元
本社图书如存在印装质量问题请与本社联系调换

全国食品药品监管人员培训规划教材
建设指导委员会

全国食品药品监管人员培训规划教材
建设执行委员会

编者的话

我国食品药品监管队伍是政府履行监管职能、保障公众饮食用药安全的主要力量。监管人员直面社会公众，处理与人民群众健康和生命安全息息相关的公共事务，任务艰巨，责任重大。这支队伍的能力和素质，直接关系到社会的和谐稳定，关系党和国家威信和执政能力。

党中央高度重视食品药品监管队伍建设，2010 年，《国家中长期人才发展规划纲要（2010－2020 年）》将食品药品监管人才列为要加强培养的急需紧缺专门型人才。国务院在《国家药品安全"十二五"规划》又明确提出要形成一支规模适当、结构合理、素质优良的药品监管队伍。为落实党中央、国务院的战略部署，国家局颁布了《全国食品药品监管中长期人才发展规划（2011－2020 年）》，对食品药品监管队伍建设做了全面的部署，今后十年，将是全系统教育培训科学发展的大好时期。

国家局始终高度重视监管队伍的教育培训，并对教育培训体系建设做出系统规划，把教材建设作为教育培训体系建设的重要内容之一。为此，成立了培训规划教材建设指导委员会，并于 2010 年，出版了药品、医疗器械监管培训规划教材（基础知识）共13 本。即将出版的药品、医疗器械、餐饮服务食品安全监管规划教材（监管实务类）15 本，则是紧密围绕提升监管人员能力和素质这一主题，在内容上，突出了针对性和实用性，力求将一线监管实践经验与专家学者的专业化理论知识有机结合，与食品药品行业发展和科技进步相适应。在形式上，力求体例新颖、操作性强，着重加强读者思考和解决问题能力的训练，突出案例分析，增强可读性，引导建立科学的思想、工作与学习方法。

教材建设是食品药品监管教育培训事业发展的永恒课题，也是食品药品监管理论和实践经验的结晶。这套教材的出版，必将对监管队伍能力建设起到积极的促进作用，希望广大食品药品监管人员认真学习，不断提高监管能力和水平。这套教材是食品药品监管系统成立以来，首次编写的规划教材，还需要在监管实践中不断地加以完善、丰富和提高。国家食品药品监督管理局将继续汲取各方面意见和建议，使这套教材更好地服务于食品药品监管事业发展。

国家食品药品监督管理局人事司
国家食品药品监督管理局高级研修学院
2013 年 1 月

前　言

　　为提高医疗器械监管人员执法文书书写水平，解决在医疗器械行政监管过程中遇到的实际问题，根据《2008～2012 年全国医疗器械监管人员培训指导大纲》的要求，国家食品药品监督管理局组织基层一线执法人员编写了本教材。

　　本书属于实务类教材，内容涵盖了行政许可和行政处罚执法文书两方面的内容，力求通过对医疗器械执法实践中执法文书书写遇到的实际问题进行分析和探讨，使执法人员能够提升执法文书书写技能。本书编写过程中，力求将最新规定融入教材，加入了《行政强制法》和《卫生部关于修改＜药品监督行政处罚程序＞的决定》的内容。

　　本教材第一章由舒波、赵林编写；第二章由杨占新、周玉红编写；第三章由舒波、杨占新编写；第四章由赵林、郝丽君编写。

　　由于编者水平有限，编写人员均来自基层，特别是作为实务类教材的语言严谨性方面还有很多需要改进之处，恳请读者批评指正。

编　者

2013 年 1 月

目 录

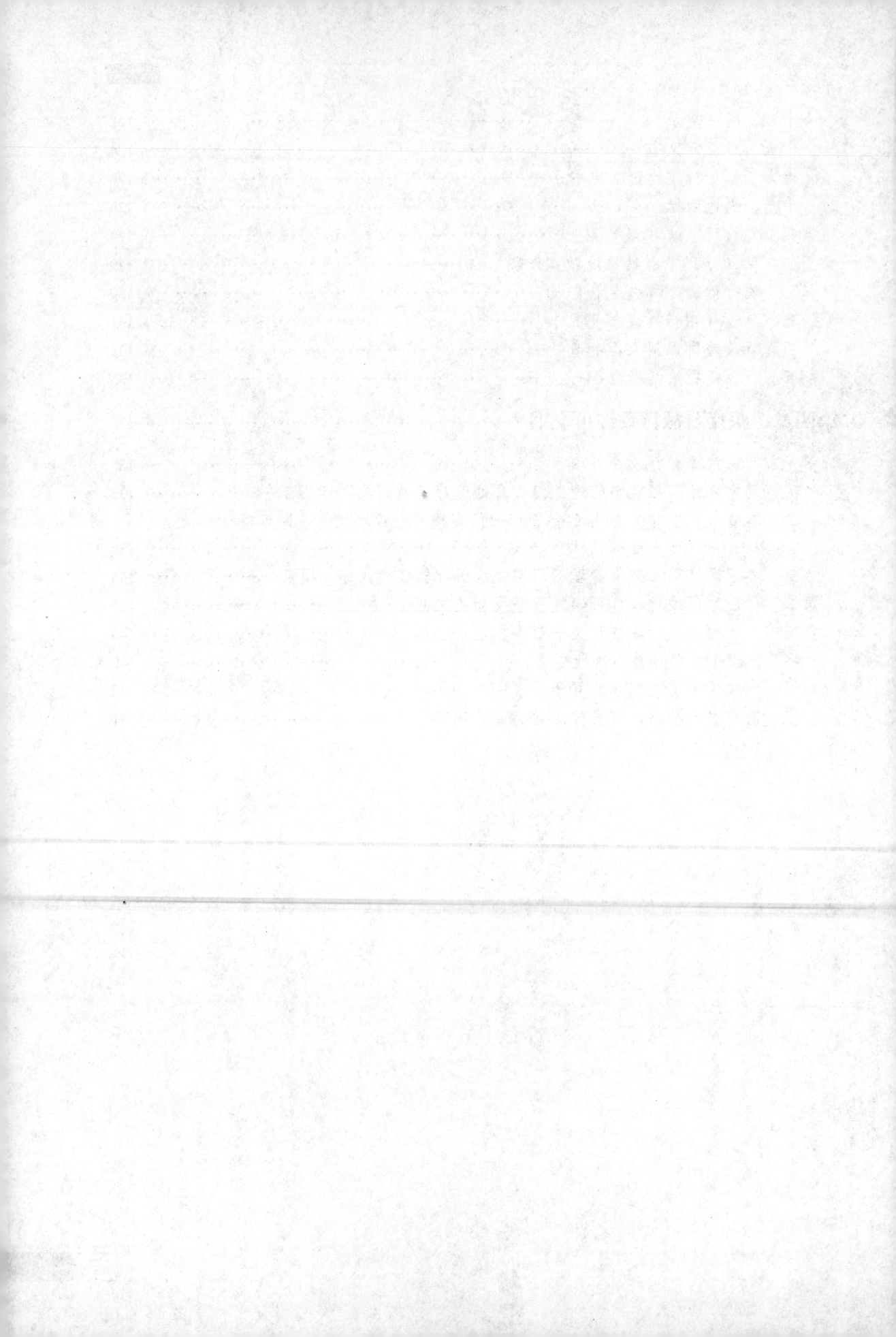

第一章

医疗器械监管执法文书概论

学习要点

了解医疗器械监管执法文书的概念、特点。

掌握医疗器械监管执法文书的分类、制作基本要求等理论知识。

行政执法文书是指国家机关或者法律、法规授权的组织或者接受委托行使行政执法职能的组织，在进行国家或者社会事务的管理活动中，制作的具有法律效力或者法律意义的文件。本章就医疗器械行政处罚和行政许可过程中执法文书的概念、特点、种类、作用进行了理论概述，介绍了医疗器械监管执法文书制作的基本原则。

第一节　医疗器械监管执法的概念和分类

行政执法文书是行政机关和法律、法规授权组织，在从事行政执法活动中制作的具有特定法律效力或者法律意义的文书总称，包括行政确认文书、行政许可文书、行政检查文书、行政强制文书、行政处罚文书、行政征收文书、行政复议文书、行政裁决文书等。行政执法文书既是行政公文文种，也是法律文书文种，但与其他公文文种有显著不同特征，是相对独立的行政公文文种。在药品监督管理部门医疗器械监管过程中，主要涉及行政处罚文书、行政许可文书和行政复议文书。药品监督管理部门工作实践中，行政复议案件较少，本书仅就较常用的行政处罚文书和行政许可文书进行阐述。

一、医疗器械监管执法文书的概念

本书所称医疗器械监管执法文书是药品监督管理部门应用医疗器械法律、法规和规范性文件，在从事医疗器械监管活动中制作的具有法律效力或法律意义的文书。它包涵以下几层含义：一是医疗器械监管执法文书的制作主体是各级药品监督管理部门。二是执法文书的适用范围是在具体的医疗器械监管执法活动中。这里的医疗器械监管执法活动既包括行政处罚，也包括行政许可、行政强制等。三是医疗器械监管执法文书的制作要遵循国家法律、法规、规章规定的文书格式和要求。四是医疗器械监管执法文书必须具有法律效力或法律意义。法律效力和法律意义是两个不同的概念。具有法律效力，一定具有法律意义；反之，只具有法律意义，却并不一定具有法律效力。如行政处罚决定书，具有法律效力，亦即具有法律意义上的约束力，受国家法律规范强制性作用的指引；而听证申请书、行政复议申请书等，则只具有一定法律意义即提出或证明某种要求的法律意义。

二、医疗器械监管执法文书的分类

（1）按用途分为内部文书和外部文书。

内部文书是指在医疗器械监管执法活动过程中执法机关制作的在行政机关内部运转的书面文件，如立案审批表、调查终结报告、听证意见书、结案报告等。而外部文书是指医疗器械监管执法机关在具体执法活动中制作的涉及到当事人权利、义务关系或调查、取证过程中有行政机关以外的人员、组织参与的文书，如调查笔录、行政处罚决定书、现场检查笔录等。

（2）按形式可分为填空式文书、表格式文书、笔录式文书和文字叙述式文书。

填空式文书是事先就印制好的文书，只将空白处根据实际情况填写而成，包括表格式文书，主要形式就是填空，如当场行政处罚决定书、立案审批表、立案通知书、听证通知书、送达回证、案件移送书、强制执行申请书等。

文字叙述式文书又称书写式执法文书，主要是以有叙有议为内容的文书，主要有普通程序中适用的行政处罚决定书、执法机关制作的行政处罚决定书，要根据规定的格式，拟出文稿后，由执法机关负责人审核后，经过打印校对而成。如目前推行的说理式医疗器械行政处罚决定书。

笔录式文书事先只印笔录头部，其余均为横格或空白，使用时只记录问答内容，如调查笔录、现场检查笔录。

（3）按性质可分为行政处罚文书、行政许可文书、行政复议文书、行政诉讼文书等。

第二节　医疗器械监管执法文书的作用

医疗器械监管执法文书的根本作用在于保证医疗器械监管法律、法规的具体实施。执法人员必须按照规定的程序、方式、步骤和格式等要求来制作执法文书，准确无误地适用法律、法规，将法律、法规的规定切实地得以实现。

一、执法文书是实施法律的重要手段

行政机关或法律法规授权的组织在实施国家赋予的行政执法权，是通过依法制作相应的执法文书向管理相对人宣示法律规定的，也是通过执法文书表明行政执法机关执行法律意志的，因此，执法文书是具体实施法律不可或缺的工具。例如，医疗器械行政处罚决定书具体地反映医疗器械管理法规规定，确认行政相对人的违法性行为，制裁违法行为，维护正常医疗器械管理秩序。强制执行申请书就是执法机关申请人民法院实施国家强制力，保证具有法律效力的行政执法决定得以实现。

二、执法文书是执法活动的记录和凭证

执法人员在执法活动过程中，每一个步骤或环节都要制作相应的执法文书，如实地记录行政管理活动。可以这样认为，执法文书是执法活动的一步一个脚印，不可缺少。例如，适用一般程序的医疗器械行政处罚案件从立案、调查取证、听证、决定处罚到决定、执行，每一个环节都有相应的执法文书。它既是对本阶段执法活动的忠实记录，又是进行下一步执法活动的文字依据和前提条件。

三、执法文书是综合考核行政执法的重要依据

执法文书记录了执法工作的全部过程，是对行政执法机关的执法动机、对法律原则和规定的遵守以及是否做到公平、公正、合理的客观反映，是总结、考核执法工作的客观标准和重要依据。执法活动质量如何，是执法人员专业知识、法律素养、道德水准等素质的综合反映。执法文书的质量问题绝不仅是一个语言文字水平问题，而是反映执法部门依法行政能力和执法人员水平高低的问题。

四、执法文书是法制宣传教育的生动教材

行政执法机关及其工作人员的具体执法活动，在法制宣传教育方面的作用，比任何法学课本或普法读物都要大，而其制作的执法文书就是这种生动活泼的法制宣传教育的活教材，它具体生动，使人印象深刻。

五、执法文书是国家行政管理的重要档案

医疗器械监管执法文书是反映社会的一面镜子，真实地反映了当时的各种社会关系、国家政策法律执行情况等。执法文书应作为重要档案保存。同时，执法文书所确立的典型案例，对今后同类案件的处理具有一定的参照价值，在一定程度上带有判例法的作用。

第三节　医疗器械监管执法文书制作的基本原则

医疗器械监管执法文书必须按法律法规规定的文种、时限、步骤、方法等要求来制作，其内容要符合相关法律法规规定。医疗器械监管执法文书是一种高度程式化的书面文件，要求其形式结构、内容要素都要有严格要求。

一、态度严谨

执法文书是具体运用执行法律的重要工具，制作执法文书必须持十分严肃认真的态度。

二、实事求是

在执法文书中法律事实必须忠于事实真相，以客观事实为依据，坚持实事求是的精神。也就是以事实为依据的原则。

三、遵从法律

制作执法文书必须符合程序法规定，按照程序法要求的时限、步骤、方式、方法和规定的内容制作。执法文书中涉及案件实体内容的，必须严格遵守实体法规定，准确引用法律条文。

四、讲求效率

以行政处罚文书为例，法律对执法机关立案审查、调查取证、处罚决定、处罚决定的执行、文书送达等行政执法行为有明确时限规定，这也是执法机关制作执法文书的时限要求。

五、文书规范

执法文书从文书的纸张、格式、事项、内容、文字表达、签名等都必须遵循统一严格的规范。

第四节　医疗器械监管执法文书制作的基本要求和语言规范

一、基本要求

（一）格式统一

以处罚文书为例，执法文书的结构一般可划分为首部、正文、尾部三部分。首部：制作机关、文书名称、编号、当事人的身份事项等；正文：案件事实、处罚理由及处罚依据、处罚决定；尾部：交代有关事项、处罚机关印章、日期、附注说明事项。

（二）思想明确

制作执法文书必须有明确的目的，中心思想是解决执法活动中某一具体问题的根据和意见。

（三）材料准确

以实施行政处罚为例，在制作执法文书中，涉及到的事实比较复杂，选材时要严格把握。①所选材料必须客观真实。这就需要调查取证要做到及时、客观、全面、深入细致。收集证据的工作做的越及时，就越能反映当时的真实情况，取得的证据也比较确实、充分。若贻误时机，证据已发生破坏或毁灭，不能或至少不能准确证明案件的事实性。必须到发案地和其他有关场所深入细致调查。对每一案件必须做好物证的取证和笔录的调查。笔录要做到环环相扣，时间、人物、地点、数量、资质、验收记录、合法票据、委托人等一个也不能少。②必须紧紧围绕执法文书的中心思想去选择材料。案件的事实材料在制作执法文书时不能一一罗列，应该有所取舍。取舍的标准是足以说明和论证执法文书的中心思想。③所选择的材料必须能说明问题的性质，是经过查证属实的、具体的事实材料，对那些尚未查证属实只有口供和笼统抽象的事实材料，在制作执法文书时不能使用。

（四）叙事清楚

一要写清事实要素，包括事实或行为的时间、地点、目的、动机、情节、手段、危害后果、证据及调查取证过程中的态度或辩解。二要写清关键情节，即决定或影响行政处罚、许可或复议定性的情节。三要写清主要证据，特别是足以证明事实的证据。

（五）说理充分

执法文书中的理由包括认定事实的理由和适用法律的理由两个组成部分。对事实的认定要以证据支撑。分析理由要有针对性。适用法律要准确，法律规定是执法文书中阐明理由和做出处理决定的准绳，在说明部分必须准确适用法律规范。引证法律条文力求明确具体。若法律条文分款分项，则应有针对性地引用某条某款某项，应尽可能将法律条文的原文引出或写出原条文第×条第×款第×项，以达到表意完整、阐述有力的目的。一般先引法律规定，再引法规规定，最后引规章规定；先引定性规定，再引处罚性规定。执法文书要前后一致，首尾照应。

（六）文字简洁

执法文书说明性文字比较多，如现场检查笔录，关于检查过程和检查内容的说明，行政处罚决定书中对处理决定的说明等，应力求文字简洁。

二、语言规范

执法文书是执法机关依照法律法规规定对违反行政管理秩序的相对人做出的给予行政制裁或查明某项事情的书面文件，对其语言文字要求比较高，应做到准确确切，语义单一；既符合法律规定，又符合语言规律；语句既要完整规范，又要转折自然，文义连续；修辞妥帖；语言庄重、言简意赅；章法多样、逻辑严密。

（一）语言准确，句式规范

1. 语言准确 一是语义要单一，排除任何易生歧义的语言文字。在执法文书中，绝对排斥"大概"、"也许"、"可能"之类的词语。二是专业术语要确切，力戒生造。三是称谓要恰当。四是执法文书里的数量词要确切，避免含混不清。在执法文书中，切忌出现"若干"、"左右"、"余"等词语，对数字的个、十、百、千、万甚至小数点后的数都要写清楚写确切；对量词要使用普通话中通用的量词，且前后要一致。

2. 句式规范 执法文书中的语言属于规范化的书面语言，语句要力求完整，凡涉及到当事人称谓的词语，尽量少用省略句式，以免混淆。

（二）修辞妥帖，言简意赅

执法文书的语言应该是言辞刚健，不尚雕饰，文意切实，事理明确，语言简要，叙事清楚。对当事人的行为事实，只是用直接平实的语言予以陈述，不需要作全盘修饰形容。

（三）推理合理，合乎逻辑

推理是在运用概念判断的基础上，进行复杂的思维活动形式。执法文书的语言文字形式逻辑关系密切，在制作文书中，必须正确地使用概念、判断和推理形式，做到：概念准确，前后一致；判断正确，切忌武断；推理合理，合乎逻辑；来龙去脉，符合事理。

思考题

1. 如何理解医疗器械监管执法文书的概念和分类？
2. 医疗器械监管执法文书主要有哪些作用？
3. 医疗器械监管执法文书制作的基本原则和基本要求有哪些？

第二章
医疗器械行政处罚程序解读

学习要点

掌握医疗器械行政处罚程序的主要内容。

在办理医疗器械行政处罚案件中，正确理解和运用医疗器械行政处罚程序。

能够准确把握在医疗器械行政处罚过程中遇到的实务问题。

1998 年国家药品监督管理局组建以后，曾于 1999 年 8 月 1 日颁布实施了《药品监督行政处罚程序》（国家药品监督管理局第 8 号令）。2003 年 3 月 28 日国家食品药品监督管理局局务会审议通过了修订的《药品监督行政处罚程序规定》，于 2003 年 4 月 28 日以国家食品药品监督管理局令形式颁布，自 2003 年 7 月 1 日起施行，原《药品监督行政处罚程序》废止。2012 年 4 月 18 日，国家食品药品监督管理局发布了《关于执行 < 药品监督行政处罚程序规定 > 有关问题指导意见的通知》（以下简称《指导意见》），对《中华人民共和国行政强制法》（以下简称《强制法》）颁布后，执行《药品监督行政处罚程序规定》的有关问题做出了要求。2012 年 6 月 7 日，卫生部部务会审议通过了《卫生部关于修改 < 药品监督行政处罚程序规定 > 的决定》（以下简称《修改决定》），同年 10 月 17 日，以卫生部 88 号令形式发布实施，对原《药品监督行政处罚程序规定》其中的 8 条规定及 11 个附表进行了修改或补充，并要求《药品监督行政处罚程序规定》根据《修改决定》重新公布。本章按照重新公布的《药品监督行政处罚程序规定》（以下简称《处罚程序》），对医疗器械监管行政处罚程序的适用进行实务性探讨。需要说明的是，医疗器械行政处罚并没有单独的执法文书和执法程序，《药品监督行政处罚程序规定》及其所附文书不仅适用于医疗器械，也同样适用于药品行政处罚。

第一节　《总则》解读

第一条　为保证药品监督管理部门正确行使行政处罚职权，保护公民、法人和其他组织的合法权益，根据《中华人民共和国行政处罚法》、《中华人民共和国行政强制法》、《中华人民共和国药品管理法》、《中华人民共和国药品管理法实施条例》、《医疗器械监督管理条例》和国务院有关行政法规的规定，制定本规定。

【条文解读】

该条是对《处罚程序》制定目的和依据的规定。根据本条规定，其目的包括两方面：一是为保证药品监督管理部门正确行使行政处罚职权。这里面的"正确行使"，一方面是要保证药品监督行政管理机关依法独立行使处罚权，不受任何组织和个人非法干预；另一方面是药品监督管理机关的行政处罚权必须正确行使。简单说就是既保障，又监督。国务院《全面推进依法行政实施纲要》明确提出"加快建立权责明确、行为规范、监督有效、保障有力的行政执法体制"。药品监督管理机关是履行药品和医疗器械监督管理职责的重要机构，履行法定职责，既是行使国家权力，也是承担相应的责任，必须按照依法行政的要求，将权力与责任有机地结合起来，不缺位、不越位、不错位，正确行使行政处罚权。二是保护公民、法人和其他组织的合法权益。行政处罚的实施直接影响当事人的权益，如果行政处罚权的行使没有程序制约，可以任意处罚，将对当事人的权益造成重大威胁。因此，药品监督行政处罚程序的制定，其目的之一就是要通过建立一整套公开、公平、公正的程序规则，保证行政处罚正确、有效的实施，从而最大程度地尊重和保障公民、法人和其他组织的合法权益。

《处罚程序》属于部门规章，制定的依据包括《中华人民共和国行政处罚法》、《中华人民共和国药品管理法》、《中华人民共和国药品管理法实施条例》、《医疗器械监督管理条例》和国务院有关行政法规的规定。尽管行政复议的规定要依据《行政复议法》的规定，行政诉讼要依照《行政诉讼法》的规定，但这里面没有包括列举相关法律名称，主要是考虑到涉及的内容仅是个别条款，没有必要全部列举。考虑《强制法》是行政处罚过程中应遵循的主要法律，故在《处罚程序》修订时候将其作为制定依据进行了增补。

【实务问题】

为什么要修改《药品监督行政处罚程序规定》？

随着2012年1月1日，《强制法》的实施，2003年修订的《药品监督行政处罚程序规定》，有些条款已经不能适应《强制法》的要求。2011年8月14日，国务院发布了《关于贯彻实施〈中华人民共和国强制法〉的通知》（国发〔2011〕25号），要求国务院各部门于2012年1月1日前对规章和规范性文件开展一次专项清理。凡与《强制法》不一致的有关行政强制的规定，自2012年1月1日起一律停止执行。为此，国家食品药品监督管理局于2012年4月18日发布了《关于执行＜药品监督行政处罚程序规定＞有关问题指导意见的通知》（以下简称《指导意见》）。2012年10月17日，卫生部部务会审议通过了《修改决定》，以卫生部88号令形式发布实施。

第二条 药品监督管理部门对违反药品、医疗器械管理法律、法规、规章的单位或者个人实施行政处罚，适用本规定。

【条文解读】

该条有四层含义：一是规定了《处罚程序》的适用主体为"药品监督管理部门"，其他部门不能也没必要适用该程序；二是规定了《处罚程序》不仅适用于药品监督管理过程中实施的行政处罚，也适用于在医疗器械监督管理过程中实施的行政处罚。《处罚程序》中的"药品"监督行政处罚程序中的"药品"，囊括了医疗器械。尽管颁布《处罚程序》时，国家食品药品监督管理局已经组建，而且《处罚程序》的文号为"国家食品药品监督管理局令1号"，但"药品监督管理部门"和"药品监督管理局"是不同概念，且该程序仅仅针对的是药品和医疗器械行政处罚，将负责药品监督管理的部门表述为"药品监督管理部门"是比较准确的，不应表述为"食品药品监督管理部门"。三是规定了只有违反药品、医疗器械"法律、法规、规章"的行为才能适用本规定。如果仅仅违反了一般文件规定，不应予以行政处罚，也不能适用本规定进行处罚。《行政处罚法》第三条规定："公民、法人或者其他组织违反行政管理秩序的行为，应当给予行政处罚的，依照本法由法律、法规或者规章规定，并由行政机关依照本法规定的程序实施。没有法定依据或者不遵守法定程序的，行政处罚无效。"由此可以看出，行政处罚只能依照法律、法规或者规章规定做出。四是行政处罚的对象既可能是单位，也可能是个人。这里面的"单位"，是指法人或其他组织。比如某单位生产未经注册的医疗器械，处罚的对象是该单位；某个人未取得《医疗器械经营企业许可证》经营三类医疗器械，处罚的对象就是经营三类医疗器械的个人。

【实务问题】

《处罚程序》是否适用于保健食品、化妆品、餐饮消费环节食品的行政处罚？

由于本条明确规定《处罚程序》的适用范围是"药品、医疗器械"，所以尽管目前全国各级食品药品监督管理部门增加了保健食品、化妆品、餐饮消费环节食品的监管范围，但相应产品的行政处罚应按照其他相应处罚程序进行，不适用本程序的规定。实践中，各地对同一个食品药品监督管理部门分别适用多个执法程序、使用多套执法文书的问题反应比较强烈，迫切要求将"四品一械"的执法程序和执法文书做出统一规定。一是2003年制定《处罚程序》过程中，当时国家药品监督管理局的职能还没有保健食品、化妆品、餐饮消费环节食品的监管范围，所以没有做出统一规定是情理之中的事情。二是考虑到目前由于不同产品监管的法律规定差别较大，比如食品抽样实行了买样制度，保健食品、化妆品检验需要进行样品确认，统一做出规定确实存在一定难度。但不论如何，由于对各种产品的行政处罚都要执行《行政处罚法》的规定，统一对"四品一械"的执法程序和执法文书做出规定是可行的，会更加有利于提升执法效率、规范执法行为、降低执法成本。比如公安部于2008年发布的《公安机关办理行政案件程序规定》就对公安机关管辖的治安管理、强制戒毒、收容教养等行政案件的程序适用做出了统一规定。食品药品监督管理部门办理"四品一械"行政处罚案件的程序，也有待于在今后立法过程中进一步完善和统一。

第三条 药品监督管理部门实施行政处罚，必须坚持以下原则：

（一）法定依据的原则；

（二）法定程序的原则；

（三）公正、公开的原则；

（四）实施行政处罚、行政强制与教育相结合的原则；

（五）保护公民、法人及其他组织合法权益的原则。

【条文解读】

本条是对药品监督管理部门行政处罚实施原则的规定。这五项原则的具体含义如下：

（1）法定依据的原则。药品监督管理部门实施行政处罚，必须以事实为依据、以法律为准绳。《行政处罚法》第三条第二款规定："没有法定依据或者不遵守法定程序的，行政处罚无效。"一是药品监督行政处罚只能由药品监督管理部门在法定范围内实施；二是只有法律、行政法规、地方性法规或者规章规定给予行政处罚的，才能依法给予行政处罚；三是被药品监督管理部门实施行政处罚的当事人必须要具有违反行政管理秩序的行为。这种行为是客观存在的、有事实的侵犯行政管理秩序的违法行为。

（2）法定程序的原则。是指实施行政处罚要依照规定的程序实施，不能违反法定的程序。不遵守法定程序的，行政处罚无效。

（3）公正、公开原则。公正，是指行政机关在处罚中对受罚者用同一尺度平等对待。公开，是指行政机关对于有关行政处罚的法律规范、执法人员身份、主要事实根据等与行政处罚有关的情况，除可能危害公共利益或者损害其他公民或者组织的合法权益并由法律、法规特别规定的以外，都应向当事人公开。

（4）实施行政处罚、行政强制与教育相结合原则。设定行政处罚，不仅仅是惩罚违法者，并通过惩罚防止其再次违法，而且是寓教育于惩罚之中，使违法者通过处罚受到教育，自觉遵守法律秩序，同时也教育他人维护法律，提高法制观念。实施药品、医疗器械行政处罚，纠正违法行为，不能简单的一罚了之，而应当教育公民、法人或其他组织自觉守法，防止再次发生违法行为。《行政处罚法》第二十七条规定的"违法行为轻微并及时纠正，没有造成危害后果的，不予行政处罚。"也是这一原则的具体体现。《处罚程序》规定的告知、陈述申辩和听证制度，也是为进行法制宣传和教育的一种很好的形式。在日常工作中，要加大普法宣传工作力度，增加公众对药品、医疗器械法律法规的认知，提高社会公众的法律素质和守法意识。

考虑到行政强制与行政处罚的密切关系，且《强制法》第六条规定了实施行政强制，应当坚持教育与强制相结合的原则，故《修改决定》将原"处罚与教育相结合"的表述调整为"行政处罚、行政强制与教育相结合"。除此以外，《强制法》还确立了行政强制实施的法定原则、适当原则、不得为单位和个人谋利原则、赔偿救济原则、突发事件例外原则，有些属于一般的法理常识、有些已经涵盖到原有处罚程序规定之中，故此没有另行增补。

（5）保护公民、法人及其他组织合法权益的原则。该原则要求药品监督管理部门执法人员在执法过程中，要坚持严格依法行政，深入细致地调查取证，认真倾听当事人陈述申辩，不放纵违法行为，但也不能违法实施处罚，不得因查处药品、医疗器械违法行为而侵犯当事人的合法权益。

【实务问题】

行政处罚的公正、公开原则主要表现在哪些方面？

公正原则主要表现在：①行政处罚以事实为依据，以法律为准绳，法律面前人人平等；②实行回避制度，包括执法人员自行请示回避和行政管理相对人申请回避；③处罚程序适宜，行政处罚规定普通程序和简易程序，简易程序的适用也要严格按法律、法规规定的条件进行；④行政处罚作出以前要通知被处罚人将要作出的内容、理由以及提出意见的途径、方式和期限，以便使其有陈述意见、提出反证等参与的机会；⑤现场勘查、物品检验要通知当事人及利害关系人到场；⑥职权分立。事实的调查和作出处罚决定分立，复议、申诉受理与作出处罚决定分立，处罚决定与处罚执行分立。

公开原则在行政处罚上的主要表现是：①法的公开。有关行政处罚的法律、行政法规、地方性法规、部门规章及政府规章等规范性文件都要以适当途径公开，使行政管理相对人有了解的可能；②执法人员的身份公开。执行调查、处罚送达、执行等职务的执法人员必须出示证件或者佩带标志。受委托执行行政处罚职务的，要出示委托证明；③有关文书，除法律、法规规定限制的以外，允许当事人及利害关系人阅览、摘记及复制；④案例公开，行政处罚形成的案例以一定形式和途径公开发表。

第四条 药品监督管理部门应当建立行政处罚监督制度。上级药品监督管理部门对下级药品监督管理部门实施的行政处罚进行监督。上级药品监督管理部门对下级药品监督管理部门违法作出的行政处罚决定，可责令其限期改正；逾期不改正的，有权予以变更或者撤销。

【条文解读】

《行政处罚法》第五十五条规定："行政机关实施行政处罚，有下列情形之一的，由上级行政机关或者有关部门责令改正，可以对直接负责的主管人员和其他直接责任人员依法给予行政处分：（一）没有法定的行政处罚依据的；（二）擅自改变行政处罚种类、幅度的；（三）违反法定的行政处罚程序的；（四）违反本法第十八条关于委托处罚的规定的。"根据该规定，上级药品监督管理部门对下级药品监督管理部门违法作出的行政处罚决定，可责令其限期改正。确立行政处罚监督制度的意义如下。①通过监督检查防止和纠正行政执法机关及其工作人员在行政处罚过程中的违法或不当行为，维护当事人的合法权益。②保障法律、法规全面、正确、及时地得以实施。保障法律、法规的实施，是指一切由行政执法机关实施的法律规范在现实生活中必须得到适用，一切违法行为必须得到追究。这是社会主义法制"有法必依、执法必严、违法必究"原则在行政执法中的具体体现，也是对行政执法机关提出的要求。行政执法作为保障社会主义法律规范实施的一个方面，既是法律规范赋予行政执法机关的一项重要职责，也是法律规范规定的行政机关的一项义务，行政执法机关必须履行，否则就是失职。目前，一方面我国的立法还有待完善，社会生活的一些方面仍然无法可依；另一方面，有法不依，行政执法不力的情况也比较突出，许多本应该查处的违法行为得不到查处，本应该受到行政处罚的违法行为得不到处罚，这样就影响了法的实施，损害了法的严肃性，所以，行政机关必须积极主动地执法，保障法律、法规和规章的实施，使法律规范落实到社会生活各个方面。③促进行政执法机关及其工作人员提高自身素质，增强法制观念，做好行政处罚工作。行政执法机关及其工作人员是实施行政处罚的主体，他们素质的高低直接影响行政执法的水平和质量。目前部分行政执法人员素质不高，对法律、法规和规章不能正确理解和掌握，且缺乏必要的专业知识，在处理违法案件时定性不准，适用法律规范不当，远远不能适应执法工作的需要。所以通过行政处罚的监督检查，可以不断提高行政机关及其工作人员的素质和水平，增强法制观念，做好行政处罚工作。

【实务问题】

对当事人没有提起行政复议的案件，上级行政机关是否有权撤销或变更下级行政机关做出的行政处罚决定？

由于《行政处罚法》仅仅规定了"责令改正"，多年以来此问题一直存在争议。比如《烟草专卖行政处罚程序规定》、《公安机关办理行政案件程序规定》等均没有明确做出相关规定，《文物行政处罚程序暂行规定》就此作出了与本条相类似的规定。就此问题，笔者认为行政复议与诉讼不一样，作为进入司法程序的诉讼，除某些刑事案件外，一般为不告不理。但行政复议就不一样。因为行政复议就其功能来说，它不仅具有对公民、法人和其他组织的合法权益受到行政机关侵害的"救济"功能，同时还具有对行政机关行政行为的"监督"功能。作为上级行政机关对下级行政机关的行政层级监督，无论当事人是否申请行政复议，只要上级行政机关知晓下级行政机关的行政行为违法，都应当主动纠正。因此，在当事人没有提起行政复议的情况下，上级行政机关发现下级行政机关做出的行政处罚决定违法，有权力通过变更或撤销原处罚决定的方式进行纠正。

知识链接

公安部《关于对公安机关督察机构是否有权撤销下级公安机关行政处罚决定问题的批复》

吉林省公安厅：

你厅《关于公安机关督察机构是否有权撤销下级公安机关行政处罚决定问题的请示》（吉公传发〔2002〕4093号）收悉，现批复如下：

《公安机关督察条例》第九条规定，公安机关督察机构在现场督察中"对本级公安机关所属单位或者下级公安机关作出的错误决定、命令，可以决定撤销或者变更，报本级公安机关行政首长批准后执行"。据此，督察机构对下级公安机关作出的错误的行政处罚决定，可以决定撤销或者变更，报本级公安机关行政首长批准后，以本级公安机关的名义下发《公安督察决定书》执行。

二〇〇二年十二月二十五日

第二节 《管辖》解读

第五条 药品、医疗器械监督管理行政处罚由违法行为发生地的药品监督管理部门管辖。

【条文解读】

行政案件的管辖是行政权在行政机关内部的划分。明确规定行政处罚主体对行政违法案件的管辖权，有利于防止处罚主体越权处罚或者重复处罚，同时也可以对那些有管辖权而不认真行使职责的处罚主体进行约束。使行政机关能够尽职尽责行使权力，使行政违法行为能够及时、有效的得到处理，从而提高行政机关的工作效率，保障行政机关有效地实施行政管理，保护公民、法人或者其他组织的合法权益。管辖问题是规范行政处罚的重要问题之一，它是正确实施行政处罚的前提和基础，只有明确对行政违法案件的管辖权，才能有效地对违法行为给以制裁，同时有利于监督行政机关依法行政。明确药品行政处罚案件的管辖权，既有利于防止药品监督管理部门之间管辖冲突、争夺案件，又有利于防止推诿扯皮、该为不为。行政管辖权从内容上来分，可分为地域管辖、级别管辖、职能管辖、指定管辖等。本条是对地域管辖的规定。《行政处罚法》第二十条规定："行政处罚由违法行为发生地的县级以上地方人民政府具有行政处罚权的行政机关管辖。法律、行政法规另有规定的除外。"违法行为地包括违法行为着手地、经过地、实施（发生）地和危害结果发生地，受处罚行为的核心要件是违法。违法行为发现地的行政机关都有管辖权，一般应由最先发现违法行为的行政机关管辖。从行政处罚的目的来看，行政处罚是以行为事实的发生为依据的。行政处罚的目的是实现行政管理秩序，即对被破坏了的（关系、过程、财产等）迅速予以恢复，对良好的予以维持并加以促进，使其发展。这些都必须通过对违法行为实施制裁，对合法行为予以保护、鼓励来实现。从受处罚行为的性质来看，行政处罚的管辖应以行为发生地为依据。受处罚行为的性质，严格来讲，属于侵权行为的范畴。对侵权行为的处理，一般都采取属地主义原则。因此，行政处罚法也规定了行政处罚管辖的属地原则。行政处罚管辖的效率原则，也要求行政处罚的地域管辖，应根据行为发生地来确定。

【实务问题】

如何理解违法行为发生地？

行为人实施了违法行为，在其实施过程中任何一个阶段被发现，该地都可以成为违法行为发生地。例如对于销售未经注册医疗器械的行为，李某到甲地进货，运输经过乙地，带回丙地销售，依照本条的规定，甲、乙、丙三地都可能成为违法行为发生地，当地的药品监督管理部门发现了这一违法行为，都有权对其依法进行行政处罚。国家食品药品监督管理局《关于药品生产企业在异地发生违法行为管辖权问题的批复》（国食药监市〔2005〕197 号）指出："在本辖区内查获经营、使用单位存在质量问题的产品，经向原生产所在地药品监督管理部门协查核查或其他证据证明，确定产品的质量问题属于生产行为所致，应对辖区内有责任的药品经营或使用单位依法处理，同时按《国家食品药品监督管理局第 1 号令》第八条'药品监督管理部门发现案件不属于本部门主管或者管辖的，应当填写《案件移送审批表》，经药品监督管理部门主管领导批准后即时填写《案件移送书》，并将相关案件材料一并移送有管辖权的药品监督管理部门或相关行政管理部门处理'和第十条'药品监督管理部门查处案件时，发现有涉及其他药品监督管理部门管辖的违法行为，应参照本规定第八条填写有关文书，连同有关证据材料一并移送该药品监督管理部门。有管辖权的药品监督管理部门对移送的案件应当及时查处'的规定办理。即：由生产企业所在地药品监督部门依法作出处罚"。

第六条 县级以上药品监督管理部门管辖辖区内的药品、医疗器械行政处罚案件。

省、自治区、直辖市人民政府药品监督管理部门管辖辖区内重大、复杂的药品、医疗器械行政处罚案件。

国务院药品监督管理部门管辖全国范围内有重大影响的药品、医疗器械行政处罚案件。

省、自治区、直辖市人民政府药品监督管理部门可依据药品、医疗器械管理法律、法规、规章和本地区的实际，规定辖区内级别管辖的具体分工。

【条文解读】

本条规定了药品、医疗器械行政处罚的级别管辖原则。

级别管辖主要解决违法行为具体应当由哪一级药品监督管理部门实施处罚的问题。在实际操作中，适用本条应注意三个方面。

第一，对于"重大影响"、"重大、复杂"案件的认定，可以从以下几个方面来考虑：一是违法行为的性质和严重程度（比如涉案金额大小、可能或已经造成人身伤害后果）；二是违法行为法律责任的轻重（比如处罚的种类）；三是实施处罚在本辖区、领域内的影响程度；四是否在本辖区跨几个县、市，需要上级药品监督管理部门查处；五是人际关系复杂程度等。

第二，对于实际发生的违法行为，药品监督管理部门应及时查处。发现有"重大影响"或"重大、复杂"情形时，再研究是否层报上级药品监督管理部门管辖。

第三，对于"重大影响"或"重大、复杂"的案件，即使下级药品监督管理部门没有报请上级药品进行查处，必要时上级药品监督管理部门也可直接办理或者指定其他药品监督管理部门管辖。这是基于上下级药品监督管理部门之间的领导与被领导关系而确立的原则。

【实务问题】

如何认定"重大、复杂"案件？

该问题直接涉及不同层级药品监督管理部门的管辖权划分，但《处罚程序》没有进行进一步细化表述。本着各辖区"守土有责"的原则，本条规定："省、自治区、直辖市人民政府药品监督管理部门可依据药品、医疗器械管理法律、法规、规章和本地区的实际，规定辖区内级别管辖的具体分工。"据此规定，各地根据本地实际情况做出了不同规定。比如河南省实行了重大、复杂行政处罚决定备案制度，并在《河南省药品监督管理重大复杂行政处罚决定（案件）备案审查制度（暂行）》规定："省辖市药品监督管理部门对本行政区域内或由省药品监督管理部门指定管辖的对药品、医疗器械生产、经营、使用单位，医疗机构或个人的违法行为做出（查处）的以下行政处罚决定（案件），应当报省药品监督管理部门备案审查：（一）影响较大的涉外案件；（二）责令停产、停业整顿或者吊销《药品经营许可证》的；（三）对单位或主要责任人进行资格处罚的；（四）案值金额 3 万元以上的；（五）上级机关挂牌督办的；（六）省药品监督管理部门认为应当备案审查的其他行政处罚决定（案件）。"辽宁省食品药品监督管理局在《辽宁省食品药品监督管理局重大复杂行政处罚案件审理制度》中规定："下列情形为重大复杂案件：（一）拟处责令停产停业或者吊销《药品生产许可证》、《药品经营许可证》、《医疗机构制剂许可证》、《医疗器械生产企业许可证》、《医疗器械经营企业许可证》和拟撤（吊）销药品、医疗器械注册批准证明文件的案件；（二）拟对涉案有关责任人进行资格处罚的案件；（三）案值金额 5 万元以上的案件；（四）社会影响较大、案情复杂或案件情节严重的案件；（五）其他需要集体讨论决定的案件。"实践中，"重大、复杂"案件的确定，应结合各省的规定执行。

第七条 两个以上药品监督管理部门对管辖权有争议的，报请共同的上一级药品监督管理部门指定管辖。

【条文解读】

本条依据的是《行政处罚法》第二十一条的规定，是对行政处罚的指定管辖的规定。指定管辖是指上级行政机关以决定的方式指定下一级行政机关对某一行政处罚行使管辖权。指定管辖实际上也是赋予行政机关在处罚管辖上一定的自由裁量权，以适应各种错综复杂的处罚情况。条文中所说的"管辖有争议"是指两个以上的药品监督管理部门在实施某一处罚上，发生互相推诿或者互相争夺管辖权，经各方协商达不成协议等现象。凡是通过双方努力能够解决的争议，争议各方就应该积极努力加以解决。如果因某些原因解决不了的，就应当报请共同的上一级药品监督管理部门，由上一级药品监督管理部门指定一个药品监督管理部门管辖。争议各方应将有关情况上报，上报材料应写明具体案件的情况、争议的问题、各自的意见等内容；共同的上一级药品监督管理部门做出指定管辖决定时，应综合各方面因素，根据有利于案件调查处理的原则，采用书面形式，及时做出指定管辖决定。

【实务问题】

（1）如何理解"共同的上一级药品监督管理部门"？

共同的上一级药品监督管理部门，因发生争议各方的关系不同而不同。"共同的上一级"和"上一级"可能是不同的单位。比如：对某一违法行为，甲省 A 市 B 县的药品监督管理部门和甲省 C 市 D 县的药品监督管理部门发生了管辖权争议。B 县和 D 县的药品监督管理部门应先分别上报各自的上一级药品监督管理部门，即 A 市和 C 市的药品监督管理部门，再由其上报至共同的上一级药品监督管理部门，即甲省药品监督管理部门，由其指定管辖。这就是"共同的上一级药品监督管理部门"的层报制度。

此外，"共同的上一级"和"共同的上级"也不是一个概念，国家食品药品监督管理局是全国所有药品监督管理部门的上级部门，省级食品药品监督管理部门是所有辖区内地市级、县区级药品监督管理部门的上级部门。但国家食品药品监督管理部门仅仅是省级药品监督管理部门的"上一级"，省级食品药品监督管理部门仅仅是地市级食品药品监督管理部门的"上一级"。在对有争议案件报请指定管辖时要注意，只能针对"上一级"呈报，不能跨级。

（2）"共同的上一级药品监督管理部门"对报请指定管辖的案件能否口头决定管

辖权？

由于上级行政机关指定下一级行政机关对某一处罚行使管辖权，是一种具有法律效力的行政行为。因此，上级机关行使指定权时，要依法做出指定管辖决定，制作指定管辖决定书。如果不出具相关文书，仅以口头形式做出管辖决定，难以分清指定者与被指定者的责任，也使被指定者行使管辖权时，失去法定依据。

第八条　药品监督管理部门发现案件不属于本部门主管或者管辖的，应当填写《案件移送审批表》（附表1），经药品监督管理部门主管领导批准后即时填写《案件移送书》（附表2），并将相关案件材料一并移送有管辖权的药品监督管理部门或者相关行政管理部门处理。受移送的药品监督管理部门应当将案件查处结果及时函告移送案件的药品监督管理部门。

受移送的药品监督管理部门如果认为移送不当，应当报请共同的上一级药品监督管理部门指定管辖，不得再次移送。

上级药品监督管理部门在接到管辖争议或者报请指定管辖的请示后，应当在10个工作日内作出指定管辖决定。

【条文解读】

（1）案件"不属于本部门主管或者管辖的"，主要包括以下三种情形：一是不属于本药品监督管理部门管辖，此时需要移送给其他辖区药品监督管理部门进行管辖；二是不属于药品监督管理部门管辖，需要移送给质量技术监督、工商、物价、卫生等其他部门管辖；三是当事人涉嫌犯罪，需要移送给当地同级公安机关进行立案侦查的。

（2）药品监督管理部门只有在发现自己对正在查处的案件没有管辖权的情况下，才能移送。如果是本机关和其他机关都有管辖权的情况，则不能移送。移送可以发生在办案的全过程中，即在作出处罚决定前的各阶段中都可以移送。为了防止借移送管辖之名，把案件推给其他部门，本条规定了移送时必须向"有管辖权的"药品监督管理部门或相关行政管理部门移送。移送时，要由案件承办人员填写《案件移送审批表》，经药品监督管理部门主管领导批准后办理移送手续，向受移送的部门发出《案件移送书》，作为移送案件的凭证。移送案件必须是全案移送，必须把已经取得的案件证据等材料全部移送，已经对涉嫌违法的财物采取强制措施的，应向接受移送的部门办理移交手续。同时，受移送的药品监督管理部门应当将案件查处结果及时函告移送案件的药品监督管理部门。

（3）移送案件是根据移送单位自己的判断得出的结论，因此受移送的药品监督管理部门也可能认为案件不属于自己管辖。移送异议的适用应注意三方面：第一，受移送的药品监督管理部门必须要接收，不得拒绝，不论其实际上对被移送的案件是否有管辖权；第二，移送只能一次，即受移送的药品监督管理部门不得再移送；第三，对移送的案件有管辖权异议的，应当报请共同的上一级药品监督管理部门指定管辖。此处的"共同上一级"与第七条的理解相同，也需要层报制度。

（4）"上级药品监督管理部门在接到管辖争议或者报请指定管辖的请示后，应当在10个工作日内作出指定管辖决定"的规定包括了三层含义：一是对于有争议的案件，需要下级药品监督管理部门作出请示；二是"共同的上一级"药品监督管理部门要在接到请示后 10 个工作日内作出决定，不能造成下级部门无限期拖延扯皮；三是此处的 10 个工作日不包括节假日。药品监督管理部门对于下级报请指定管辖的情形，也要遵照此时限。

【实务问题】

为什么受移送的药品监督管理部门如果认为移送不当，不得再次移送？

这主要是为了避免不同药品监督管理部门因为对案件管辖权的理解不一致，推诿扯皮，造成案件难以查办。为此规定了案件只能自行移送一次的原则。事实上，如果接受移送的药品监督管理部门经报请"共同的上一级"药品监督管理部门指定管辖后，如果"共同的上一级"药品监督管理部门未指定该部门管辖的，仍然要进行移送，只不过不是"自行移送"。

第九条 下级药品监督管理部门认为管辖范围内的案件不宜由本部门处理的，可以报请上级药品监督管理部门管辖或指定管辖。上级药品监督管理部门认为下级药品监督管理部门不宜处理其管辖范围内案件的，可以决定自行管辖或指定其他下级药品监督管理部门管辖。

【条文解读】

本条规定了管辖权转移制度。管辖权转移是发生在上级药品监督管理部门与下级药品监督管理部门之间对于案件管辖权的调整和变通。本条规定了下级药品监督管理部门的移送管辖权。发生的情形一般是因为案件的社会影响大、案情复杂，下级药品监督管理部门凭借自己的职权或力量难以办理；或者案件特殊，比如所查处的案件当事人是当地知名企业，囿于行政级别的关系，无法办理案件。或者案情虽然简单，但当地办案存在人为干扰等因素等。此时下级药品监督管理部门可以依据本条的规定，向上一级药品监督管理部门报明情况后，由上一级药品监督管理部门确定管辖。上一级药品监督管理部门应及时作出指定，由自己管辖或交由其他药品监督管理部门管辖。上一级药品监督管理部门不同意自己管辖的，由下一级药品监督管理部门管辖。本条还规定了上级药品监督管理部门可以上调案件。即在具体执法中，如果对下级药品监督管理部门查处的案件，上级药品监督管理部门认为案情重大、复杂，或者认为自己查处更为有利时，可以把原来由下级部门查处的案件调上来自己查处。

第十条 药品监督管理部门查处案件时，发现有涉及其他药品监督管理部门管辖的违法行为，应当参照本规定第八条填写有关文书，连同有关证据材料一并移送该药品监督管理部门。有管辖权的药品监督管理部门对移送的案件应当及时查处。

对药品、医疗器械违法案件涉嫌犯罪的，药品监督管理部门应当于 2 个工作日内填写《案件移送审批表》（附表 1），经药品监督管理部门主管领导批准后即时填写《涉嫌犯罪案件移送书》（新增附表 1）移送同级公安机关，同时抄送同级人民检察院并抄报上级药品监督管理部门。

对公安机关决定立案的，药品监督管理部门应当于 3 个工作日内将查封、扣押的物品移交给立案的公安机关，同时应当填写《查封（扣押）物品移交通知书》（新增附表2），并书面告知当事人。

【条文解读】

本条规定的第二款和第三款为《修改决定》中新增补的内容。之所以没有单列条目，是考虑到对将来《处罚程序》的修订不可能"推倒重来"，重新制定，增加两款，不会改变条目顺序，这也是相关法律法规修订过程中的通行做法。

《修改决定》之所以补充《涉嫌犯罪案件移送书》，主要是基于以下考虑：《行政执法机关移送涉嫌犯罪案件的规定》（国务院令第310号）第六条规定，"行政执法机关向公安机关移送涉嫌犯罪案件，应当附有下列材料：（一）涉嫌犯罪案件移送书……"。第七条规定："公安机关对行政执法机关移送的涉嫌犯罪案件，应当在涉嫌犯罪案件移送书的回执上签字；其中，不属于本机关管辖的，应当在24小时内转送有管辖权的机关，并书面告知移送案件的行政执法机关。"最高人民检察院、全国整顿和规范市场经济秩序领导小组办公室、公安部、监察部《关于在行政执法中及时移送涉嫌犯罪案件的意见》（高检会〔2006〕2号）也就案件移送出具《涉嫌犯罪案件移送书》提出了明确要求。但在执法实践中，由于原有《案件移送书》没有专门针对犯罪案件设计有关内容，既没有公安机关签收回执设计，也没有抄送检察院的内容，造成个别地区与司法机关衔接出现问题。为此，本次补充了该文书。本文书针对的是药品、医疗器械违法案件涉嫌犯罪的案件使用，发现有涉及其他药品监督管理部门或相关行政部门管辖的违法行为，仍应当参照《药品监督行政处罚程序规定》第八条填写《案件移送审批表》和《案件移送书》，并连同有关证据材料一并移送。

《修改决定》之所以作出将《涉嫌犯罪案件移送书》抄送同级检察院的要求，是因为最高人民检察院、全国整顿和规范市场经济秩序领导小组办公室、公安部、监察部《关于在行政执法中及时移送涉嫌犯罪案件的意见》（高检会〔2006〕2号）、国家食品药品监督管理局《关于做好药品涉嫌犯罪案件移送有关工作的通知》和国家食品药品监督管理局、公安部《关于做好打击制售假劣药品违法犯罪行政执法与刑事司法衔接工作的通知》等文件均要求涉嫌犯罪案件要抄送同级人民检察院。藉此通过检察院对药品监督管理部门和公安机关之间涉嫌犯罪案件的移送进行监督。

《修改决定》之所以明确将涉嫌犯罪案件查封、扣押的物品移交给立案的公安机关，是依据《强制法》和《行政执法机关移送涉嫌犯罪案件的规定》的规定。《强制法》第二十一条规定："违法行为涉嫌犯罪应当移送司法机关的，行政机关应当将查封、扣押、冻结的财物一并移送，并书面告知当事人。"《行政执法机关移送涉嫌犯罪案件的规定》第十二条规定："行政执法机关对公安机关决定立案的案件，应当自接到立案通知书之日起3日内将涉案物品以及与案件有关的其他材料移交公安机关，并办结交接手续；法律、行政法规另有规定的，依照其规定。"实践中，个别药品监督管理部门移送涉嫌犯罪案件后存在不及时移送查封、扣押物品的现象，给司法机关进一步取证带来困难。同时，一旦物品被毁损或司法机关认为当事人不构成犯罪，就出现了当事人向药品监督管理部门索要查封、扣押物品的问题。为此，在《修改决定》中对此时限进行了进一步明确。

【实务问题】

（1）涉嫌犯罪案件是否也要填写《案件移送书》？

对于移送给公安机关追究刑事责任的案件，不需要填写《案件移送书》，但需要填写《涉嫌犯罪案件移送书》。在内部审批过程中，仍使用《处罚程序》规定的《案件移送审批表》。

（2）为什么要规定移送涉嫌犯罪案件应当于2个工作日内填写《案件移送审批表》？

《行政执法机关移送涉嫌犯罪案件的规定》第五条规定："行政执法机关对应当向公安机关移送的涉嫌犯罪案件，应当立即指定2名或者2名以上行政执法人员组成专案组专门负责，核实情况后提出移送涉嫌犯罪案件的书面报告，报经本机关正职负责人或者主持工作的负责人审批。行政执法机关正职负责人或者主持工作的负责人应当自接到报告之日起3日内作出批准移送或者不批准移送的决定。决定批准的，应当在24小时内向同级公安机关移送；决定不批准的，应当将不予批准的理由记录在案。"由于案件移送审批属于内部程序，该规定中没有明确具体时限，《修改决定》对此做出了明确，要求发现案件涉嫌犯罪的，要在2个工作日内填写审批表。机关正职负责人或者主持工作的负责人应当自接到报告之日起3日内作出批准移送或者不批准移送的决定，决定移送的要在24小时内移送。药品监督管理部门从发现案件涉嫌犯罪开始，到移送给公安机关，总计时限是5个工作日加上24小时。实践中，对于涉嫌犯罪案件的移送由谁审批问题，建议由"机关正职负责人或者主持工作的负责人"进行审批，因为这是国务院行政法规的规定。而且涉嫌犯罪案件一般应属于比较重大案件，也有必要经过"一把手"批准。

（3）《涉嫌犯罪案件移送书》没有单独设定抄报上级药品监督管理部门的一联，实践中如何操作？

在起草《涉嫌犯罪案件移送书》文书范本时，没有专门设计针对上级药品监督管理部门的一联，主要是基于以下考虑： 是本文书将报送给公安机关和检察机关的文书进行了合并，形成了一式四联。如果再加上上报上级部门的一联，就达到了五联。不论是采用无碳纸书写还是复写纸书写，第五联往往很难看清。二是对于涉嫌犯罪案件，上级药品监督管理部门需要掌握的已经不仅仅是是否移送司法机关的问题，对于基本案情和处置情况也是需要上报的。药品监督管理部门应该以一般公文的形式，详细向上级机关汇报案情。实践中，可将该文书复印后作为附件，随同案情报告一同上报上级药品监督管理部门。

（4）向公安机关或其他行政机关移送的案件，是否要立案后移送？

实践中，药品监督管理部门会同其他行政机关开展联合执法，在案件的调查阶段，就发现该案件应移送其他行政执法机关或司法机关的，因该案尚未立案，药品监督管理部门可以决定不立案，直接由其他行政机关或司法机关查处。对于已经立案的，如果发现需要移送其他行政执法机关或司法机关的，应当撤案。如果其他行政执法机关或司法机关没有立案的，药品监督管理部门接到不予立案通知后可以根据案情依法重新立案。

第十一条　依法应当吊销《药品生产许可证》、《药品经营许可证》、《医疗机构制剂许可证》、《医疗器械生产企业许可证》、《医疗器械经营企业许可证》，撤销药品、医疗器械批准证明文件的，由原发证、批准的药品监督管理部门决定。

药品监督管理部门查处的违法案件，对依法应当吊销《药品生产许可证》、《药品经营许可证》、《医疗机构制剂许可证》、《医疗器械生产企业许可证》、《医疗器械经营企业许可证》，撤销药品、医疗器械批准证明文件的，在其权限内依法作出行政处罚的同时，应当将取得的证据及相关材料报送原发证的药品监督管理部门，由原发证的药品监督管理部门依法作出是否吊销许可证或者撤销批准证明文件的行政处罚决定。

需由国务院药品监督管理部门撤销药品、医疗器械批准证明文件的，由省、自治区、直辖市人民政府药品监督管理部门上报国务院药品监督管理部门，国务院药品监督管理部门应当及时作出处理决定。

原发证的药品监督管理部门依法作出吊销许可证和撤销批准证明文件的行政处罚决定，必须依据本规定进行。

药品监督管理部门认为依法应当吊销《医疗机构执业许可证》的，应当建议发证的卫生行政机关吊销。

【条文解读】

《药品管理法》第八十八条规定"吊销《药品生产许可证》、《药品经营许可证》、《医疗机构制剂许可证》、医疗机构执业许可证书或者撤销药品批准证明文件的，由原发证、批准的部门决定。"；《医疗器械监督管理条例》第三十五条、第三十七条、第三十九条、第四十条、第四十四条中涉及吊销许可证或撤销批准证明文件的条款，也均遵从了"谁发证，谁吊证"这一原则。也正是本着这一原则，本条第五款，对吊销《医疗机构执业许可证》问题进行了强调。

该条同时规定了"谁发证，谁吊证"的具体操作程序。即药品监督管理部门在其权限内依法作出行政处罚的同时，应当将取得的证据及相关材料报送原发证的药品监督管理部门，由原发证的药品监督管理部门依法作出是否吊销许可证或者撤销批准证明文件的行政处罚决定。一是药品监督管理部门应将取得的证据及相关材料（可以是加盖印章的复印件）报送原发证机关。二是原发证的药品监督管理部门也应按照本条第四款要求进行立案、合议、集体讨论、听证、下达处罚决定。而且该吊销行政许可的处罚决定，是可以申请复议和提起行政诉讼的。对吊销行政许可处罚复议或诉讼的行政机关为作出处罚决定的原发证的药品监督管理部门，而不是最初作出没收、罚款等处罚的药品监督管理部门，除非当事人仅就没收、罚款等处罚提起复议或诉讼。

【实务问题】

"原发证的药品监督管理部门"是指"上级药品监督管理部门"吗？

实践中，原发证的药品监督管理部门未必就一定是"上级药品监督管理部门"，可能会是上级药品监督管理部门，也有可能是卫生等同级行政机关，也可能是下级药品监督管理部门。比如直接由国家食品药品监督管理局查办的案件，如果需要吊销《医疗器械生产企业许可证》、《医疗器械经营企业许可证》的，仍应由省级药品监督管理部门作出处罚决定。但撤销《医疗器械注册证》的处罚决定只能由国家食品药品监督管理局作出。

第十二条 中国人民解放军所属的单位和个人违反药品管理法律、法规、规章的行为，由军队药品监督管理部门依据《中国人民解放军实施〈中华人民共和国药品管理法〉办法》管辖。

【条文解读】

1999 年颁布实施的《药品监督行政处罚程序》第七条曾规定："对中国人民解放军所属药品科研、生产、使用的单位和个人违反药品监督管理法律、法规、规章的违法行为，可会同军队药品管理部门进行调查，需要行政处罚的，由地方药品监督管理部门决定。中国人民解放军内部特需药品的行政处罚不适用本程序。"后来，2001 年修订的《药品管理法》第一百零五条规定："中国人民解放军执行本法的具体办法，由国务院、中央军事委员会依据本法制定。"由此，对中国人民解放军所属药品科研、生产、使用的单位和个人药品监督管理问题进行了例外性规定。自 2005 年 1 月 1 日起施行的《中国人民解放军实施〈中华人民共和国药品管理法〉办法》第二条规定："军队药品监督管理工作，由中国人民解放军总后勤部（以下简称总后勤部）卫生部负责，国务院药品监督管理部门依照本办法的规定履行监督管理职能。各总部、军兵种、军区后勤（联勤）机关卫生部门分别负责本系统、本单位的药品监督管理工作。"该办法第三十七条规定："中国人民武装警察部队的药品监督管理工作参照本办法执行。"由此明确，军队药品监管工作由军队内部机构负责，只有作为国务院药品监督管理部门的国家食品药品监督管理局才能按照相关规定履行该办法规定的监督管理职能。

知识链接

撤回、撤销、注销、吊销行政许可的适用规则

一、关于撤回行政许可的适用规则

撤回行政许可适用于行政机关基于公共利益的需要收回已经颁发的行政许可的情形。适用前提是相对人取得的行政许可合法。适用情形包括：（一）行政许可依据的法律、法规、规章修改或者废止；（二）行政许可依据的客观情况发生重大变化。

撤回行政许可，行政机关应当作出书面决定，说明撤回行政许可的法律依据或者事实基础。撤回行政许可对公民、法人或者其他组织造成财产损失的，作出撤回行政许可决定的行政机关应当依法予以补偿。

二、关于撤销行政许可的适用规则

撤销行政许可适用于行政机关纠正违法实施行政许可的情形。适用前提是行政机关违法作出行政许可决定或者相对人违法取得行政许可。适用情形包括：（一）行政机关工作人员滥用职权、玩忽职守作出准予行政许可决定；（二）行政机关及其工作人员超越法定职权作出准予行政许可决定；（三）行政机关违反法定程序作出准予行政许可决定；（四）申请人不具备申请资格或者不符合法定条件；（五）申请人以欺骗、贿赂等不正当手段取得行政许可；（六）依法可以撤销行政许可的其他情形。

撤销行政许可，行政机关应当作出书面决定，并告知被许可人撤销行政许可的法律依据和事实基础。撤销行政许可可能对公共利益造成重大损害的，行政机关不得撤销；撤销行政许可损害被许可人的合法权益，除被许可人以欺骗、贿赂等不正当手段取得行政许可的外，行政机关应当依法给予赔偿。

三、关于吊销行政许可的适用规则

吊销行政许可适用于被许可人取得行政许可后有严重违法行为的情形。适用前提是被许可人取得行政许可后有严重违法行为。

吊销行政许可，只能由法律、法规设定。行政机关作出吊销行政许可的决定前，应当告知被处罚人有要求听证的权利，被处罚人提出听证要求的，行政机关应当组织听证。

四、关于注销行政许可的适用规则

注销行政许可适用于特定客观事实的出现、行政许可失效的情形。适用前提是特定客观事实的出现，与被许可人取得行政许可是否合法无关。适用情形包括：（一）行政许可有效期届满未延续；（二）赋予公民特定资格的行政许可，该公民死亡或者丧失行为能力；（三）法人或者其他组织依法终止；（四）行政许可依法被撤销、撤回，或者行政许可证件依法被吊销；（五）因不可抗力导致行政许可事项无法实施；（六）法律、法规规定的应当注销行政许可的其他情形。

注销行政许可，行政机关应当说明理由，收回行政许可证件或者予以公告。

（摘自《全国贯彻实施行政许可法工作简报》）

第三节　《立案》解读

第十三条　药品监督管理部门对下列涉案举报线索及交办、报送的案件应当及时处理：

（一）在监督检查中发现的；

（二）检验机构检验发现的；

（三）公民、法人及其他组织举报的；

（四）上级交办的、下级报请查处的、有关部门移送的或者其他方式、途径披露的。

受理举报应当填写《举报登记表》（附表3）。

【条文解读】

本条规定了药品监督管理部门的四项案件来源，如果将第四项细化为四种情形，药品监督管理部门的案件来源实际上可以概括为七项。需要注意的是，药品监督管理部门在履行监管职责过程中，即便难以判断案件来源属于哪种情形，只要是属于本部门管辖职责范围的事项，都应该及时处理。

工作实践中，药品监督管理部门案件来源很大一部分来源于消费者的投诉。严格意义上讲，投诉和举报并不是同一个概念。药品监督管理部门的有关文件规定中并没有进行严格区分、也没有严格的概念界定。《食品药品投诉举报管理办法（试行）》第二条规定："本办法所称的食品药品投诉举报，是指自然人、法人或者其他组织采用信件、电话、互联网、传真等形式,向各级食品药品监督管理部门反映药品、医疗器械、保健食品、化妆品在研制、生产、流通、使用环节违法行为以及餐饮服务环节食品安全违法行为。"笔者认为,投诉是指消费者为生活消费需要购买、使用商品或者接受服务,与经营者之间发生消费者权益争议后,请求消费者权益保护组织调解,要求保护其合法权益的行为。举报是指公民、法人或其他组织向药品监督管理部门或相关部门检举、揭发违法犯罪嫌疑人的违法犯罪事实或者嫌疑人线索的行为。两者的核心区别在于,投诉举报的案件事实与投诉举报人是否有直接利害关系,是否为"消费者"。不论是投诉,还是举报,药品监督管理部门都应该及时处理。

【实务问题】

对于有"个人目的"的医疗器械举报案件,药品监督管理部门是否需要作出处理?

实践中,除了个人在购买和使用医疗器械过程中发生质量纠纷到药品监督管理部门投诉外,举报的原因一般有以下四种情形。一是出于社会正义感,向药品监督管理部门举报医疗器械违法犯罪行为;二是由于个人恩怨,比如员工因老板不给开工资举报老板有违法犯罪行为或合伙人或利害关系人之间出现经济、社会纠纷,想通过举报相关违法犯罪行为达到泄私愤目的;三是举报人认为被举报方侵害了其合法权益,比如假冒了其产品或侵犯了其专利权,或通过举报达到将被举报方"逐出市场"的目的;四是专业打假人员知假买假,想通过举报获得举报奖励。有的执法人员对此产生不理解,认为有被举报人"当枪使"的感觉。笔者认为,如果是公民、法人或其他组织在药品和医疗器械方面的合法权益受到侵害而举报,药品监督管理部门作他们的"枪",本身就是职责所在。对于不属于合法权益受到侵害的举报来讲,举报药品医疗器械违法犯罪行为是每个公民的权利,并不强调举报人怀有什么样的目的。对于除第一种情形外,具有"个人目的"的举报,药品监督管理部门不能因为举报人怀有其他想法而不予处理。不论举报人怀有什么样的心态,只要经药品监督管理部门调查核实属实的都应该积极做出处理,这也恰恰是药品监督管理部门发现案件线索的重要来源。至于民事纠纷和民事赔偿问题,药品监督管理部门应告知举报人通过其他途径解决,但应将案件查处结果告知举报人。

第十四条 药品监督管理部门发现违法行为符合下列条件的,应当在 7 个工作日内立案:

(一)有明确的违法嫌疑人;

(二)有客观的违法事实;

(三)属于药品监督管理行政处罚的范围;

(四)属于本部门管辖。

决定立案的,应当填写《立案申请表》(附表4),报部门主管领导批示,批准立案的应当确定 2 名以上药品监督执法人员为案件承办人。

【条文解读】

立案是指行政执法机关对发现的违法案件材料,依照自己的管辖范围进行审查,以确定有无违法事实和是否需要追究责任,并决定是否进行调查处理的专门活动。药品监督管理部门发现药品或医疗器械违法行为符合该条规定的四项情形的,要进行立案。该条实际上是确立了药品或医疗器械违法行为的构成要件，"有明确的违法嫌疑人"是指违法行为的主体，"有客观的违法事实"是指违法行为的客观方面。不但要有"事实"，而且这种"事实"要违反相关法律规定。"属于药品监督管理行政处罚的范围"和"属于本部门管辖"实质上是确立了案件是否属于本"执法机关"管辖。这里需要注意以下方面。一是"客观的违法事实"并不一定是全部案件事实，可以是全部违法事实中的一个或几个主要要素，例如涉案物品存在、实名案件举报材料等，可能还需要进行进一步调查取证。否则，如果"违法事实"已经完全确定，则后续的调查也就没有意义了。二是"是否具有主观故意"并不是立案的必备条件，尽管这将涉及到对当事人行政处罚的自由裁量，但在医疗器械行政处罚过程中并没有刻意强调该要件。三是此处规定的是"7个工作日"而不是"7日"，《处罚程序》对"日"分别做出了"日"和"工作日"的表述。四是决定立案的应该首先履行内部审批手续，由相关执法人员填写《立案审批表》，报"部门主管领导"审批，并由"部门主管领导"确定2名以上执法人员为案件承办人。立案日期以"部门主管领导"在立案审批表上批准的日期为准。

【实务问题】

（1）对日常检查发现的正在发生的违法活动，能否查处后立案？

在日常监督检查过程中，发现正在发生的违法活动，应该可以也必须立即查处。尽管《处罚程序》没有对此作出明确规定，但药品监管执法人员的日常检查也是履行执法职能的过程，发现违法行为正在实施的，应当立即进行查处。如果教条地按照本条规定进行操作，先回到机关报请立案审批后再展开调查，不但增加执法成本，而且很可能违法会出现当事人毁灭隐匿证据，造成案件难以查办，达不到依法履职的目的。对此，其他相关执法部门有的做出了明确规定，比如《烟草专卖行政处罚程序规定》规定："对正在发生的违法活动，有管辖权的烟草专卖行政主管部门应当立即查处，并在查处后7日内依法补办立案手续。"《公安机关办理行政案件程序规定》就没有要求公安机关对行政案件进行立案。所以，对日常检查发现正在发生的违法行为应当立即进行查处，并及时补办立案手续。

（2）能否由承办机构负责人指定案件承办人？

本条作出了"批准立案的应当确定2名以上药品监督执法人员为案件承办人"的规定，要求由"部门主管领导"确定案件承办人。实践中，主管领导往往并不直接了解具体的执法科室的人员繁忙、专业特长、办案能力等情况，这种"一竿子插到底"的要求给实际工作确实带来一些问题。从其他部门的规定来看，一般都是要求由机关负责人批准后，由"办案机构负责人"来指定承办人员。但鉴于《处罚程序》作出了这样的规定，实践中可由"办案机构负责人"在报请"部门主管领导"立案审批时，提出自己的初步意见。这样既执行了《处罚程序》，又体现了"办案机构负责人"的意见。

（3）对于超过行政处罚时效的违法行为是否需要立案？

《行政处罚法》规定了行政处罚的"2年"追罚期。本条规定的立案的四个要件，确实没有提到此种情况是否需要立案。但按照这四个要件来理解，超过追罚期的案件是符合立案条件的。考虑到实践中超过追罚时效的违法行为，因为还有"连续或继续状态"的特殊规定，不经过深入调查，往往很难做出进一步确认。为慎重起见，同时又不违《处罚程序》的规定，建议对此类案件仍然进行立案，待查清事实后再撤案。从其他部门的执法实践来看，比如《烟草专卖行政处罚程序规定》就提出对此种情形不需要立案，已经立案的要撤案。这也有待于下一步修订《处罚程序》时再考虑是否要作出新的规定。

第十五条 有下列情形之一的，不能确定为本案承办人：

（一）是本案当事人或者当事人的近亲属；

（二）与本案有直接利害关系；

（三）与本案当事人有其他关系，可能影响案件公正处理的。

【条文解读】

本条规定了药品或医疗器械行政处罚的回避制度，体现了"任何人都不得在与自己有关的案件中担任法官"的规则。《行政处罚法》第三十七条规定："行政机关在调查或者进行检查时……，执法人员与当事人有直接利害关系的，应当回避。"也就是说，不仅是在"部门主管领导"确定承办人时需要遵守回避制度，在案件调查或进行检查、听证等各阶段中，出现符合本条规定情形之一的，都需要回避。但《处罚程序》仅仅就指定案件承办人和听证的内容明确了回避制度，有待于进一步修订。但不论《处罚程序》是否作出了规定，药品监督管理部门在执法活动中都要体现《行政处罚法》的要求。这里的"近亲属"包括：配偶、父母、子女、兄弟姐妹、祖父母、外祖父母、孙子女、外孙子女。这里的"与当事人有其他关系"是指办案人员虽然不是本案当事人或当事人近亲属，也与本案没有直接利害关系，但是有可能影响案件公正处理，比如是当事人的朋友或者与当事人有个人恩怨等。如果执法人员不遵守这一规定，就没有遵守法定程序。《行政处罚法》第三条第二款规定："没有法定依据或者不遵守法定程序的，行政处罚无效。"《行政复议法》第二十八条第一款第（三）项规定，具体行政行为违反法定程序的，行政复议机关可以决定撤销、变更或者确认该具体行政行为违法。《行政诉讼法》第五十四条第二项规定，具体行政行为违反法定程序的，法院可以判决撤销或者部分撤销。

【实务问题】

在执法实践中，如何体现回避制度？

《行政处罚法》确认了两种回避方式：自行回避和申请回避。自行回避是指行政执法人员遇到应当回避的某种情形时，主动不参加行政处罚案件的处理工作。回避是药品监督管理部门执法人员的法定义务，凡明知自己有本条规定情形之一的，都应当主动提出，经批准后回避。申请回避是指当事人认为行政执法人员有应当回避的某种情形而未自行回避，可能导致其承担不公正处理结果时，有权申请该行政执法人员回避。药品监督管理部门在办理案件时，首先应当向当事人及其法定代理人宣告这一权利，并在相关执法文书中体现。

由于《处罚程序》没有对回避制度的具体操作作出明确规定，借鉴其他部门的做法，实践中不论是对于自行回避还是申请回避的，应考虑经"部门主管领导"批准。申请回避的，必须有符合回避条件的事实存在。对实践中个别当事人由于对案件调查出现抵触情绪，执法人员告知其有申请回避权利时，对所有执法人员均无理由要求回避，遇到这种情况一方面要做好当事人的思想工作，同时要告知其必须提出符合回避条件的事实和理由，不能就此终止案件调查。

知识链接

《公安机关办理行政案件程序规定》有关回避的规定

第十四条 公安机关负责人、办案人民警察有下列情形之一的，应当回避，案件当事人及其法定代理人有权要求他们回避：

（一）是本案的当事人或者当事人的近亲属的；

（二）本人或者其近亲属与本案有利害关系的；

（三）与本案当事人有其他关系，可能影响案件公正处理的。

第十五条 办案人民警察的回避，由其所属的公安机关决定；公安机关负责人的回避，由上一级公安机关决定。

第十六条 公安机关负责人、办案人民警察提出回避申请的，应当说明理由。

第十七条 当事人及其法定代理人要求公安机关负责人、办案人民警察回避的，应当提出申请，并说明理由。口头提出申请的，公安机关应当记录在案。

第十八条 对当事人及其法定代理人提出的回避申请，公安机关应当在2日内作出决定并通知申请人。

第十九条 公安机关负责人、办案人民警察具有应当回避的情形之一，本人没有申请回避，当事人及其法定代理人也没有申请他们回避的，有权决定他们回避的公安机关负责人可以指令他们回避。

第二十条 在行政案件调查过程中，鉴定人和翻译人员需要回避的，适用本章的规定。

第二十一条 在公安机关作出回避决定前，办案人民警察不得停止对行政案件的调查。

第二十二条 被决定回避的公安机关负责人、办案人民警察、鉴定人和翻译人员，在回避决定作出以前所进行的与案件有关的活动是否有效，由作出回避决定的公安机关根据案件情况决定。

第四节 《调查取证》解读

第十六条 进行案件调查或者检查时，执法人员不得少于2人，并应当向被调查人或者有关人员出示执法证件。

被调查人或者有关人员应当如实回答询问并协助调查或者检查，不得阻挠。

对涉及国家机密，以及被调查人的业务、技术秘密和个人隐私的，承办人应当保守秘密。

【条文解读】

本条规定了药品监督管理部门执法人员从事调查取证时的形式要件，是对调查程序中的执法手段及相关人员的义务的规定。《行政处罚法》第三十七条规定："行政机关在调查或者进行检查时，执法人员不得少于 2 人，并应当向当事人或者有关人员出示证件。当事人或者有关人员应当如实回答询问，并协助调查或者检查，不得阻挠。"本条第一款和第二款基本是援引了《行政处罚法》的规定。

在调查程序中行政机关可以采取的执法手段，包括以下几种。①进行调查、了解、询问，以掌握有关事实。②依法进行检查。检查是查明事实和获取有关证据所需要的执法手段，依照法律、法规的规定，行政机关可以进行检查。也就是说，只有法律、法规授予其行政检查权的行政机关才可以依法采取检查手段。③抽样取证。对于与产品质量有关的行政处罚案件，抽样取证是比较适当的调查执法手段。④登记保存证据。⑤采取查封、扣押等行政强制措施。但强制措施需要有相关法律法规的规定。

调查程序中执法人员、当事人或者有关人员应当履行的相应义务。在行使调查或者检查的职权时，必须有 2 名以上执法人员在场；并且，执法人员应当向当事人或者有关人员出示表明其执法身份的证件；在进行询问或者检查时，执法人员还应当依法制作笔录。在执法人员进行调查工作时，当事人或者有关人员应当予以配合和协助，应当如实回答，不作虚伪陈述；不得阻挠执法人员的调查工作；不得销毁或者转移有关证据。对于执法人员在调查取证过程中所掌握的个人秘密、商业秘密和国家秘密，任何人没有正当理由不得将这些秘密用作证明案件以外的其他目的，不得泄露给其他个人或者组织。否则，因其泄露行为而给公民、法人、其他组织或者国家所造成的损失，泄露秘密的人应当依法承担相应的法律责任。国家秘密指关系到国家安全和利益，依照法定程序确定，在一定期限内只限于一定范围的人知悉的事项。商业秘密指不为公众所知悉，能为权利人带来经济利益，具有实用性并经权利人采取保密措施的技术信息和经营信息。个人隐私主要指纯粹个人的、与公众无关的当事人不愿意让他人知道或他人不便知道的信息。

【实务问题】

为什么要规定进行案件调查或者检查时，执法人员不得少于 2 人？

《行政处罚法》和《处罚程序》规定进行案件调查或检查时，执法人员不得少于 2 人。主要是基于以下考虑：一是相互监督、客观公正、防止舞弊；二是应对突发事件，维护执法人员自身安全；三是加强执法配合，提高执法效率。

第十七条 药品监督管理部门之间对涉及查处案件的有关情况，负有互相协助调查、提供相关证据的义务。

【条文解读】

协助调查是药品监督管理部门获取证据的方式之一。该条以规章形式，对药品监督管理部门之间相互配合、协作办案作出了规定。2010 年 12 月 23 日，国家食品药品监督管理局下发了《关于印发案件协助调查管理规定的通知》（国食药监稽〔2010〕486 号），该规定是在 2005 年发布的《案件协助调查管理规定（试行）》基础上进行的修订。该规定第三条要求："对跨省（区、市）进行同级之间协助调查的案件，承办案件的食品药品监督管理部门可以直接向具有管辖权的同级食品药品监督管理部门提出协查请求；对跨省（区、市）需要向省食品药品监督管理部门进行不同层级之间协助调查的案件，可由副省级省会城市、计划单列市以上食品药品监督管理部门向具有管辖权的省（区、市）食品药品监督管理部门提出协助调查请求。"，也就是说县级、地市级药品监督管理部门可以分别直接向省外同级药品监督管理部门发函，但向省级药品监督管理部门协助调查的，需要由副省级省会城市、计划单列市、省级药品监督管理部门发函。

【实务问题】

（1）协助调查函能否加盖稽查专用章？

案件协助调查要遵守案件查办及公文管理的有关规定。提出案件协助调查的请求，要经案件承办部门研究决定，部门负责人批准并加盖机关印章发出。因为是行政机关制发的对外公文，一般不能加盖"稽查专用章"。

（2）药品监督管理部门制作协助调查函应符合什么要求？

一是有明确的协助调查理由；二是有明确的协助调查内容和需确认的事项；三是应附有协助调查必需的资料，如相关文件、实物、图片等；四是应有明确的联系方式和联系人。

（3）承办机关应在多长时间内回函？

承办机关一般应自接到协助调查函之日起，15 个工作日内完成协助调查工作并函复调查结果。特殊情况需要延长的，要告知提出机关并说明情况。对于超出本机关职能的协助调查函，应于 3 个工作日内将函件退回；对不符合协助调查要求的内容，应说明原因。

（4）案件的协助调查和核查有何区别？

协助调查简称协查，是指食品药品监督管理部门在执法办案过程中，需要其他不相隶属的食品药品监督管理部门，对药品和医疗器械、某个特定企业或某个行政相对人及其行为进行核查确认，并出具与案件调查取证有关材料的过程。核查一般是指上级食品药品监督管理部门在执法办案过程中，需要有隶属关系的下级食品药品监督管理部门，对涉及其辖区内的药品和医疗器械、某个特定企业或某个管理相对人的行为进行确认，出具与案件调查取证有关材料或核实查证其他事项的过程。两者的核心区别在于"是否具有隶属关系"。

第十八条　执法人员进行调查时，应当填写《调查笔录》（附表 5）。

调查笔录起始部分应当注明执法人员身份、证件名称、证件编号及调查目的。执法人员应当在调查笔录终了处签字。

调查笔录经核对无误后，被调查人应当在笔录上逐页签字或者按指纹，并在笔录终了处注明对笔录真实性的意见。笔录修改处，应当由被调查人签字或者按指纹。

被调查人拒绝签字或者按指纹的，应当由 2 名以上执法人员在笔录上签字并注明情况。

【条文解读】

调查笔录是行政执法机关在办理行政违法案件时为了查清案情，对当事人和其他相关人员进行询问、调查而制作的有关询问、调查情况和内容的书面记录。本条专门针对调查笔录的制作提出了最基本要求。一是要在起始部分注明执法人员身份、证件名称、证件编号及调查目的；二是执法人员要在笔录终了处签字；三是在笔录中体现被调查人真实意思的表示，并留下签字或指纹等相应证明"痕迹"。这里需要注意的是，执法人员只需要在笔录终了处签字即可，不需要逐页签字；而被调查人必须逐页签字或按指纹，在笔录终了处还要"顶格"书写真实意思的表示。之所以作出这样的规定，是考虑到《调查笔录》最后是留存在执法机关的，被调查人一般难以在事后篡改。"顶格"书写"以上笔录我看过，与本人所述一致"等字样，可以避免执法人员后来临时补充内容。

【实务问题】

（1）调查笔录修改处能否由调查笔录的记录人按指纹？

不能。因为调查笔录最终是保留在行政机关的，如果由记录人按指纹，会出现执法人员随意修改笔录内容的可能。事实上，由被调查人签字或按指纹，体现的是被调查人对笔录及其内容的认可，如果由记录人在修改处按指纹，显然难以说明修改过的内容是否经过被调查人认可。询问笔录交被询问人核对时可以就差错或遗漏部分进行修改和补充，但除记录错误外，不宜对被询问人的主要陈述部分和关键事项进行删减。

（2）被调查人不签字该如何处理？

执法人员询问当事人或证人时，必须履行告知义务。告知的内容包括两个方面：一是被询问人依法享有的权利，包括陈述和申辩权利、对询问笔录的修改补充权利、申请询问人回避的权利、对无关本案的问题拒绝回答的权利；二是如实回答被询问问题的义务或者隐藏、转移证据应承担的法律后果。遇到这种现象，首先执法人员要分析清楚被调查人不签字的原因。现实中的原因，一是记录人没有完全按照被调查人的表述意思进行记录，比如对被调查内容进行了添枝加叶，违背了当事人的本来意思；二是在调查过程中被调查人因为对调查人的询问表现出不满情绪，或中途因为其他原因"中途变卦"反悔。所以，首先执法人员要进行自我反思，弄清被调查人为什么不签字。如果因为笔录记载违背了当事人的真实意思表示，应考虑按照被调查人的意思进行修正。如果被调查人"中途变卦"，要通过一定的调查技巧对被调查人展开思想工作，申明利害关系，促使其如实回答问题。如果被调查人无正当理由和原因不签字，可以按照本条规定由2名以上执法人员在笔录上签字，但一定要在笔录终了处记录被调查人不签字的原因。尽管如此，此时该笔录的证据力是比较弱的，实践中建议同时配合录音录像等手段予以辅证，同时结合其他证据，对被调查人的陈述内容进行证明。

（3）执法人员询问当事人、证人是否应当单独进行？

执法人员询问当事人、证人应当单独进行。所谓单独进行即一次只能询问一个当事人或一个证人，不能集体询问，这样可以避免当事人、证人之间相互串通，有利于对询问笔录的真实可靠性进行甄别，也有利于从不同笔录的比较中发现新的线索。

第十九条 执法人员进行现场检查时，应当当场填写《现场检查笔录》（附表6）。

检查笔录起始部分应当注明执法人员身份、证件名称、证件编号及检查目的。执法人员应当在检查笔录终了处签字。

检查笔录经核对无误后，被检查人应当在笔录上逐页签字或者按指纹。并在笔录终了处注明对笔录真实性的意见。笔录修改处，应当由被检查人签字或者按指纹。

被检查人拒绝签字或者按指纹的，应当由 2 名以上执法人员在笔录上签字并注明情况。

【条文解读】

本条规定了《现场检查笔录》的制作要求。《现场检查笔录》是对现场检查情况的描述，所以本条规定必须当场制作，不能检查后补填，更不能不到现场而凭空制作。被检查人应在现场检查笔录终了处（注意不是逐页）签署"以上笔录与现场检查情况一致"等字样，来表达对笔录真实性的意见，并核对无误后逐页签字或按指纹。这里要注意的是，签字或按指纹选择其一即可，不必要签字后还要在签字处按上指纹。对被检查人拒绝签字或者按指纹的，应当由 2 名以上执法人员在笔录上签字并注明不签字的原因。

【实务问题】

制作《现场检查笔录》应注意哪些问题？

现场检查笔录是行政执法重要的证据形式之一，所记录的内容是否客观、真实，直接涉及到笔录的证明力。为此，必须注意以下几点。①必须注意查验和记载在场人员的身份、职务等情况。在实施现场检查时，由于被检查方陪同人员的职务分工不同，客观上造成了对一些情况的了解和对一些问题的认知不同。因此，弄清现场陪同检查人员的姓名、身份、职务及所负责的工作十分重要和必要。②必须注意记载现场检查的过程。应客观描述实施检查的方式、方法和步骤。要记录实施检查人员组成情况及其分工情况，特别是要注明陪同检查的证人、被检查方人员参与检查过程的情况。要注意如实、准确地记录哪些人实施了某一具体检查活动。需要抽样检验的，一定要记录抽样的方式，方法和步骤，包括抽样方案的制定及实施过程、抽样实施人、产品批量/生产日期及规格型号、抽样器具、样品数量及封存形式、抽样单编号等信息。要注意对生产过程、原料、包装物及检查现场等情况的记载（对检查现场情况作描述，有利于从空间角度对事实予以证实）。③必须注意记载涉案物品价格、数量的获取途径、方式。涉案物品的数量、价格多少，是行政法律赋予的自由裁量权的依据。因此，应注重对涉案物品价格、数量的采集及相关证据的记录。要记明物品的放置场所、码放位置、码放方式；有包装的要记明包装形式和包装标注内容等情况；要记明规格型号、生产日期/批号；要记明获取相关数据的途径、方式。相对人口述的，要写明据什么人介绍；现场清点的，要证明清点方式、参与人；查看账册、单据的，要记明查看的什么账册或什么单据并记明编号，必要时制作复制件；散装物品的计量，要记明使用的计量器具的状态及计量过程；数据一定要确切，不能出现"大约"、"等"之类的用词，计件的一定要精确到个位数，不能估算。④必须注意对相关证据活动、文书制作等情况进行相应的记载。现场检查笔录作为证据，应与其他证据相互关联和相互印证。因此，在现场检查笔录上有必要记明对书证、物证的采集、抽样过程、封存过程及其文书的制作等情况。如涉及封存（扣押）或登记保存的，应记明封存（扣押）或登记保存决定书、封条的编号，相对人和执法人员应同时在封条上签字。采集的物证、书证一定要由相对人签字确认，在现场检查笔录上也要作相应的记录。对票据、账册复印时，要由相对人确认票据、账册复印件与原件相符（核对无误）并签字。

第二十条 调取的证据应当是原件、原物。调取原件、原物确有困难的，可由提交证据的单位或者个人在复制品上签字或者加盖公章，并注明"与原件（物）相同"字样或者文字说明。

【条文解读】

本条规定了证据的调取规则。原件、原物属于原始证据，原始证据是直接来源于案件事实或证据生成的原始环境未经过复制和加工的证据，其可信度、证明力相对于传来证据更强。按照《行政诉讼法》及其司法解释的有关规定，复制书证时应当注明出处，并经书证持有人或者持有部门确定无误后签名或加盖印章。提供书证的部门经办人也应签名确认。

《最高人民法院关于行政诉讼证据若干问题的规定》第十条规定："根据行政诉讼法第三十一条第一款第（一）项的规定，当事人向人民法院提供书证的，应当符合下列要求：（一）提供书证的原件，原本、正本和副本均属于书证的原件。提供原件确有困难的，可以提供与原件核对无误的复印件、照片、节录本；（二）提供由有关部门保管的书证原件的复制件、影印件或者抄录件的，应当注明出处，经该部门核对无异后加盖其印章；（三）提供报表、图纸、会计账册、专业技术资料、科技文献等书证的，应当附有说明材料；（四）被告提供的被诉具体行政行为所依据的询问、陈述、谈话类笔录，应当有行政执法人员、被询问人、陈述人、谈话人签名或者盖章。"法律、法规、司法解释和规章对书证的制作形式另有规定的，从其规定。《处罚程序》并没有就此作出突破性规定。

《最高人民法院关于行政诉讼证据若干问题的规定》第十一条规定："根据行政诉讼法第三十一条第一款第（二）项的规定，当事人向人民法院提供物证的，应当符合下列要求：（一）提供原物。提供原物确有困难的，可以提供与原物核对无误的复制件或者证明该物证的照片、录像等其他证据；（二）原物为数量较多的种类物的，提供其中的一部分。"

【实务问题】

（1）为什么复制品上必须要并注明"与原件（物）相同"字样或者文字说明？

《最高人民法院关于行政诉讼证据若干问题的规定》中规定，原件、原物的证明效力优于复制件、复制品。没有经当事人签字或盖章认可的复制件，其证明效力是比较弱的。在行政诉讼中，无法与原件、原物核对的复制件或者复制品不能单独作为证据使用。当事人无正当理由拒不提供原件、原物，又无其他证据印证，且对方当事人不予认可的证据的复制件或者复制品是不能作为证据使用的。所以在调取证据过程中，调取复制品的，必须由当事人通过注明"与原件（物）相同"字样进行确认，必要情况下进行文字说明。实践中还要注意，提供证据的单位或个人还要签字或加盖公章，并注明提供证据的日期。对于不便于直接签名的物证，可拍成照片，进行打印或冲洗后，通过由当事人按照本条要求进行认可的方法固定证据。

（2）需要通过协助调查确认医疗器械真伪的，是否需要当事人签字认可？

尽管《处罚程序》没有明确提出这一要求，但在实践中建议对于通过抽取部分样品进行协助调查确认产品真伪的，建议由当事人在相关产品上进行签字确认，或在照片上签字确认。只有这样，才能够证明产品的来源，避免由此引发争议，造成案件难以查办。必要情况下，应考虑按照抽样规定进行封样，或通过拍照、录像等形式来证明产品抽样过程。提取物证应当当场清点，出具物品清单并由执法人员、当事人签字或者以其他方式确认。当事人拒绝确认或者不在场的，应当有2名以上见证人在场确认；见证人不足2名或者拒绝确认的，执法人员应当在物品清单上注明情况并签字。

（3）药品监督管理部门能否向邮政、电信、银行机构调取证据？

按照《刑事诉讼法》、《电信条例》、《邮政法》规定，除因国家安全或者追查刑事犯罪的需要和法律另有规定的外，不得查询任何人的通讯记录、资金往来和邮件。按照"职权法定"原则，药品监督管理部门自身无上述权限。根据《刑事诉讼法》第一百一十七条规定，人民检察院、公安机关根据侦查犯罪的需要，可以依照规定查询、冻结犯罪嫌疑人的存款、汇款。根据《邮政法实施细则》第十条规定，有关单位依照法律规定需要收集、调取证据、查阅邮政业务档案时，必须凭相关邮政企业所在地的公安机关、国家安全机关、检察机关、人民法院出具的书面证明，并开列邮件具体节目，向相关县或者县级以上的邮政企业、邮电管理局办理手续。根据《电信条例》第六十六条规定，电信用户依法使用电信的自由和通信秘密受法律保护。除因国家安全或者追查刑事犯罪的需要，由公安机关、国家安全机关或者人民检察院依照法律规定的程序对电信内容进行检查外，任何组织或者个人不得以任何理由对电信内容进行检查。药品监督管理部门需要上述有关单位协助配合的，应依照以上法律规定办理。

第二十一条 凡能证明案件真实情况的书证、物证、视听材料、证人证言、当事人陈述、检验报告、鉴定结论、调查笔录、现场检查笔录等，为药品监督管理行政处罚证据。

【条文解读】

《行政处罚法》第三十条规定，公民、法人或者其他组织违反行政管理秩序的行为，依法应当给予行政处罚的，行政机关必须查明事实；违法事实不清的，不得给予行政处罚。违法事实要通过证据来证明，本条规定了药品监督管理部门行政处罚过程中的9种证据形式。《行政诉讼法》第三十一条规定，证据有以下几种：①书证；②物证；③视听资料；④证人证言；⑤当事人的陈述；⑥鉴定结论；⑦勘验笔录、现场笔录。以上证据经法庭审查属实，才能作为定案的根据。实质上这9种证据形式中的检验报告和鉴定结论可以归结到《行政诉讼法》的"鉴定结论"之中，调查笔录可以根据调查内容归结到"书证"或"当事人陈述"之中。所以，本条并没有突破《行政诉讼法》的规定。而且本条规定，只有经过查证属实，用来证明案件真实情况的证据材料，才能作为药品监督行政处罚的证据使用。

书证是指以文字、符号、图案等表达和记载的信息来证明案件事实的书面文件或其他材料（包括物品）。书证可通过一定技术手段显现和固定，或者通过复印、抄录、拍照等方法进行固定。书证的特点是外在直观、含义明确，但易于涂改。许可证、发票、合同、账册、图表、身份证等属于书证范围。

物证是指能够以其外在形式、外部特征、基本属性证明案件事实或其他特征事实的实体物（包括实物痕迹）。物证的特点是外在特征明显直观，具有稳定性和不可替代性，因而不易篡改，但物证本身的含义不够明确，可以证明的对象相对多元。各种药品或医疗器械、各种运输工具、包装标签、生产设备、原辅材料等均属于物证范围。

询问笔录是指执法人员为查明违法事实，依法询问当事人的过程中就当事人的有关言词陈述形成的书面记录。询问笔录的特点是覆盖面广，有关违法事实的所有情况执法人员都可以依法询问，但对当事人的陈述执法人员有待进一步核实，尤其是存在冲突和不够合理的部分。

除了当事人外，获悉案件情况的其他公民、法人及其他组织的人员都有作证的义务。他们就有关案件情况的陈述即为证人证言。证人受趋利避害因素影响，其证言颇具复杂性，可能带有一定的倾向和不实成分，需要执法人员进一步核实。证人一般是自然人，特殊情况下也可以是单位。如果是单位，应当留存经手人和提供人的签字确认材料。

视听资料是指以录音、录像设备所反映的音像、储存的资料和其他科技设备与手段提供的信息来证明案件真实情况的证据。具体包括录音证据、录像证据、电子贮存证据、其他技术设备提供的证据等。视听资料的优点是生动形象、便利高效，说服力较强，缺点是易于删改。实务中的照片、图片、录像等都属于视听资料的范围。

鉴定结论是指具有鉴定资格的鉴定机构受行政执法机关委托，依照鉴定规范就行政执法过程的某些专门性问题进行鉴定而形成的结论或报告。鉴定结论解决的问题是行政执法过程中涉及的专门性问题。鉴定结论是鉴定人员利用专门知识和依照鉴定规范得出的科学结论，并且鉴定机构和鉴定人员相对中立，比较超脱。因此，依法形成的鉴定结论比较可靠，可信度高。

勘验笔录是指行政机关执法人员在行政执法程序中，为了查明一定的事实，对涉案但又不便移动、不便保存的证据或者场所进行勘查、检验、测量、拍照、绘图后所制作的笔录。医疗器械行政执法中的勘验，一般是通过现场检查的方式进行的。现场笔录是行政执法机关按照行政程序的要求，由行政执法人员在案发现场对案件发生过程中的有关情况进行记载而形成的记录。它具有制作主体的特定性、制作过程的即时性和动态性以及记录内容的真实性等特点。

【实务问题】

电子数据能否作为药品监督管理行政处罚证据？

《行政诉讼法》规定的7种证据形式没有包括电子证据，但《最高人民法院关于行政诉讼证据若干问题的规定》第十二条规定："根据行政诉讼法第三十一条第一款第（三）项的规定，当事人向人民法院提供计算机数据或录音、录像等视听资料的，……"。显然，计算机数据等电子数据是可以作为证据使用的。而且本条"凡能证明案件真实情况的……等，为药品监督管理行政处罚证据"的规定，并不是对证据种类的穷举。在《公安机关办理行政案件程序规定》和新修订的《中华人民共和国民事诉讼法》中，已经明确电子证据作为单独的一种证据形式。

在实践中，鉴于对电子数据的规定不够明确，而且电子证据也存在容易篡改等问题，可以考虑对相关电子数据进行证据转化。比如，对计算机中存储的当事人医疗器械交易数据，可以通过打印后由当事人签名确认的方式转换为书证；对不能打印的数据可以通过拍照、摄像等方式进行固定，从而既体现了电子数据的证明作用，又避免由此引发的风险。实践中还经常遇到的一个问题是，国家食品药品监督管理局的网站信息能否作为行政处罚的证据使用问题，就此国家食品药品监督管理局曾于2005年专门发文明确，不能以此为依据，应以实际批件内容作为处罚依据。其中的原因并不是不认可电子证据，而是由于网站数据信息有可能不够完善，由此作为处罚依据，可能会损害当事人的合法权益。

第二十二条 在证据可能灭失，或者以后难以取得的情况下，执法人员应当填写《先行登记保存物品审批表》（附表7），报药品监督管理部门主管领导批准。先行登记保存物品时，执法人员应当向当事人出具《先行登记保存物品通知书》（附表8）。

药品监督管理部门对有证据证明可能危害人体健康的药品及有关材料和已经造成医疗器械质量事故或者可能造成医疗器械质量事故的产品及有关资料，可依法采取查封、扣押的行政强制措施。执法人员在查封、扣押物品前应当填写《查封（扣押）审批表》（附表9），报药品监督管理部门主管领导批准。查封、扣押物品时，执法人员应当向当事人出具《查封（扣押）决定书》（附表10）。

【条文解读】

本条文内容为《修改决定》对原《处罚程序》修改后的规定。主要变化是，将原《查封（扣押）物品审批表》调整为《查封（扣押）审批表》，将原《查封（扣押）物品通知书》调整为《查封（扣押）决定书》。主要是考虑到，根据《强制法》的要求，考虑到查封、扣押行政强制措施也是可以提起复议或诉讼的，是行政机关作出的"决定"，不应仅仅以告知的"通知"方式作出，故此将原"通知书"改为"决定书"。

对证据进行先行登记保存的依据是《行政处罚法》第三十七条的规定。对有证据证明可能危害人体健康的药品及有关材料药品进行查封、扣押的依据是《药品管理法》第六十五条第二款，对已经造成医疗器械质量事故或者可能造成医疗器械质量事故的产品及有关资料查封、扣押的依据是《医疗器械监督管理条例》第三十一条规定。

【实务问题】

（1）《强制法》规定行政强制措施只能由法律作出，对医疗器械查封、扣押的规定能否继续适用？

《强制法》第十条第一款却是规定了行政强制措施由法律设定。但在第二款规定，尚未制定法律，且属于国务院行政管理职权事项的，行政法规可以设定除本法第九条第一项、第四项和应当由法律规定的行政强制措施以外的其他行政强制措施。由于目前我国尚未制定《医疗器械管理法》，且医疗器械监督管理职能属于国务院行政管理职权事项，故此《医疗器械监督管理条例》做出的查封、扣押行政强制措施继续有效。

（2）先行登记保存是否属于行政强制措施？可否异地保存？

行政强制措施是指行政机关在行政管理过程中，为制止违法行为、防止证据损毁、避免危害发生、控制危险扩大等情形，依法对公民的人身自由实施暂时性限制，或者对公民、法人或者其他组织的财物实施暂时性控制的行为。从《强制法》的定义来看，先行登记保存是为防止证据损毁而对相关财物实施暂时性控制的行为，符合行政强制措施的范畴。但从《强制法》对行政强制措施种类的划分以及相关规定来看，该法并未对先行登记保存作出明确规定。但具体执法实践中，应尽量提高执法效率，减少对当事人相关财物登记保存的时间。

至于先行登记保存能否异地保存问题，理论界一直争议很大，不同行政执法部门也做出了不同规定。比如财政部《财政部门证据先行登记保存办法》第十条规定：先行登记保存的证据应当加封财政部门证据先行登记保存封条，由被检查人就地保存。《北京市实施行政处罚程序若干规定》规定：登记保存物品时，在原地保存可能妨害公共秩序或者公共安全的，可以异地保存。《商务行政处罚程序规定》第二十六条规定，先行登记保存物品时，在原地保存可能妨害公共秩序或公共安全，或者有其他不宜原地保存情形的，可以异地保存。实践中，药品监督管理部门可参考相关规定执行。

（3）先行登记保存过程中，应注意哪些问题？

案件承办人员在收集证据时，可以采取抽样取证的方法；在证据可能灭失、损毁或者以后难以取得的情况下，可以根据情况采取记录、复制、拍照、录像等证据保全措施，或者经主管领导批准，采取先行登记保存等措施。对证据进行抽样取证，采取证据保全措施或者先行登记保存措施，应有当事人在场；当事人不在场或无正当理由拒绝到场的，可以请在场的其他人员见证并证明。对抽样取证或者登记保存的物品应当开列清单，并依据情况分别制作相关执法文书，标明物品名称、数量、单价等事项，由案件承办人员、当事人签名或盖章，交付当事人。当事人拒绝签名、盖章或者接收的，案件承办人员应注明情况并签名。

（4）在紧急情况下，来不及报请审批能否对相关医疗器械进行查封或扣押？

《强制法》第十九条规定，情况紧急，需要当场实施行政强制措施的，行政执法人员应当在24小时内向行政机关负责人报告，并补办批准手续。行政机关负责人认为不应当采取行政强制措施的，应当立即解除。根据此规定，如果在情况紧急情况下，来不及提前报请主管领导审批的，可以在24小时内向行政机关负责人报告。此处的"行政机关负责人"并未明确是否为"一把手"，故此，《处罚程序》规定的"药品监督管理部门主管领导"也符合这一规定。执法实践中，特别是有些偏远地区，"主管领导"不可能随时陪同执法人员检查，进而随时进行采取行政强制措施的审批，可采取电话报请的方法，并在《现场检查笔录》中注明，事后补办审批手续，是比较可行的做法。

第二十三条 药品监督管理部门实施先行登记保存或者查封、扣押时，应当通知当事人在场，并在《现场检查笔录》中对采取的相关措施情况予以记载。当事人拒绝到场的，执法人员邀请见证人到场，由见证人和执法人员在《现场检查笔录》上签名或者盖章。

查封、扣押的物品，应当使用盖有本部门公章的"×××药品监督管理局封条"，就地或者异地封存物品。

对先行登记保存或者查封、扣押的物品应当开列《（　　　　）物品清单》，由执法人员、当事人或者有关人员签字或者加盖公章。

当事人拒绝签字、盖章或者接收的，应当由2名以上执法人员在清单上签字并注明情况。

【条文解读】

本条所列内容为《修改决定》对原《处罚程序》修改后的规定。该条与原《处罚程序》规定内容主要变化是在第一款增加了在《现场检查笔录》中对采取查封、扣押行政强制措施进行记录的要求，同时对邀请见证人到场并签名作了规定。涉及查封、扣押等行政强制措施的，由于《强制法》和《修改决定》已经明确要求必须制作现场检查笔录，并且要由当事人到场，当事人不到场的邀请见证人到场，为此《现场检查笔录》必须对当事人在场的情况进行描述，对采取查封、扣押等行政强制措施的过程进行描述。这已经是法定要求，是必须记载的内容。需要注意的是，对查封、扣押的物品要进行当场清点，并出具物品清单。本条尽管没有明确邀请见证人的具体数量，但实践中建议邀请见证人最好2人以上，这样更有利于提高证据力。

【实务问题】

（1）当事人拒绝签字的，是否必须由见证人签字？

《指导意见》按照《强制法》要求，作出了采取查封、扣押措施时应有当事人或见证人在场的规定，但并不是说当事人不签名的就一定要求必须邀请见证人来签名，"当事人不在场"和"当事人在场不签名"不能等同，从本条第三款规定即可看出《指导意见》对此没有作出新规定。

如果当事人没有确认，仅仅执法人员签名确认情况下，现场笔录的证明力相对较低。实践中，建议在当事人拒绝确认或者不在场的，应当有2名以上见证人在场确认；见证人不足2名或者拒绝确认的，执法人员再考虑在检查笔录上注明情况并签字。此时，在对现场进行检查的同时，执法人员可以通过拍照、录像、抽样等形式对有关证据和事实进行固定和确认。

（2）什么样的人可以作为见证人？

邀请见证人的目的，是为了证明执法活动中的行政强制措施是依法进行的，是为了证明获取的证据的真实性。实践中，可邀请当地村干部、街道或居委会干部作为见证人，也可邀请当事人的邻居、亲属或周围围观社会群众参加。但一般应注意见证人不应与当事人有不利关系。见证人应当属于具有独立性的在场目击证人，其他执法人员及配合执法的公安等部门人员不宜以见证人身份出现。

第二十四条 药品监督管理部门对已立案的案件应当填写《立案通知书》（附表13），交付当事人。

对先行登记保存的物品，应当在7日内作出处理决定。对查封、扣押的物品，应当在7日内作出是否立案的决定；需要检验的，应当自检验报告书发出之日起15日内作出是否立案的决定。

查封、扣押的期限不得超过30日；情况复杂的，药品监督管理部门应当填写《查封（扣押）延期审批表》（新增附表3），经药品监督管理部门主管领导批准，可以延长，但是延长的期限不得超过30日；作出延长查封、扣押期限决定后应当及时填写《查封（扣押）延期通知书》（新增附表4），书面告知当事人，并说明理由；对物品需要进行检测、检验或者技术鉴定的，应填写《检验（检测、技术鉴定）告知书》（新增附表5），查封、扣押的期间不包括检测、检验或者技术鉴定的期间。

对不符合立案条件的，药品监督管理部门应当填写《解除先行登记保存物品通知书》（附表14），解除先行登记保存，或者填写《解除查封（扣押）决定书》（附表15），解除查封、扣押。

【条文解读】

本条所列为《修改决定》对原《处罚程序》修改后的规定。该条对《处罚程序》第二十四条进行了修订。主要变化是：一是为保障当事人的知情权，对所有立案的案件增加了交付当事人的《立案通知书》，废除了原《行政处理通知书》。二是根据《强制法》的规定，明确了查封扣押的期限，并增加了相关文书；三是将《解除查封（扣押）物品通知书》，修改为《解除查封（扣押）通知书》。本条的 7 日、15 日、30 日应理解为按照《民法通则》有关规定执行，具体理由前文已述。

【实务问题】

（1）为什么要废除《行政处理通知书》？

在《修改决定》起草过程中，考虑到原《行政处理通知书》是针对于有查封、扣押物品的，告知当事人已经进行立案处理，查封、扣押期限顺延到作出处罚决定或者撤案之日而设定的文书。由于《处罚程序》并没有明确要求从立案到作出处罚决定的时限，有可能造成查封、扣押期限超过《强制法》规定的 30 日。故此废除了《行政处理通知书》。为保障当事人的知情权，特别是考虑到基层在日常监督检查中发现违法行为后，究竟是否需要作出进一步处理，往往当事人不知情，造成当事人猜疑和顾虑，甚至就此出现权力寻租问题，所以《指导意见》增加了《立案通知书》这一文书。在起草过程中，也参考了四川等省局的做法，以及人民法院对自诉刑事案件下达《立案通知书》的做法。需要注意的是，尽管《立案通知书》适用于所有一般程序的行政处罚案件，但对于没有经过提前核实，而先行立案的案件，不宜提前向当事人送达《立案通知书》再调查取证。这样可能会造成当事人有所准备，出现转移或毁灭证据问题。故此，本条并没有明确必须在调查取证之前下达《立案通知书》，可考虑在初步调查取证完成之后再下达该文书。

（2）撤案的是否要制作《撤案通知书》？

在《修改决定》征求意见阶段，部分执法人员对是否增加《立案通知书》提出了不同意见，提出如果立案的下达了《立案通知书》，对撤案的是否要下达《撤案通知书》问题。在《修改决定》起草过程中，考虑到该文书使用频率很低，为尽量压缩文书数量，没有设定这一文书，但并不等于不需要这一文书。一是各省可以根据本地实际情况增补此文书；二是一般不会出现因撤案而引发诉讼或复议的情形，实践中可以考虑采用电话通知、口头通知等方式告知当事人已经撤案。

（3）案件协助调查期间是否不计入查封扣押期间？

《强制法》规定，检验、检测、检疫、技术鉴定的期限不计入查封扣押期限，由于药品监督管理部门一般不涉及检疫问题，故此文书中没有体现检疫二字。但必须告知当事人检验、检测、技术鉴定的具体时间周期，该周期有待于在药品和医疗器械的抽查检验相关规定中予以明确。从目前规定看，《药品质量抽查检验管理规定》仅规定了药品检验机构接到样品，在取得检验必要的材料后应当按照法定质量标准在规定周期内完成检验并出具药品检验报告书，但并未明确"规定周期"是多长时间。该规定第二十八条规定："受理复验的药品检验机构应当在收到留样之日起 25 日内作出复验结论，并告知申请复验的当事人和原药品检验机构；特殊情况需要延期的，应当报告同级药品监督管理部门批准。"，检验周期可在此基础上，综合考虑封样、送检、检验、报告传递、药品标准规定的检验方法所需时间等综合确定检验周期。至于案件协助调查期间是否计入查封扣押期间问题，也有待于相关的答复或解释。笔者认为，对于产品来源、票据、价格、出入库情况等方面的协查，应该计入查封、扣押期间。对于经过当事人确认后进行样品抽样，通过协助调查方式确认产品真伪的，可以考虑是对产品的鉴定，不应该计入查封扣押期限，但也要告知当事人进行鉴定的具体时限，原则上不能突破协助调查规定的时限。具体工作中有待于提高协查效率，必要情况下应考虑直接派员进行协查。

（4）如何把握检验报告书发出之日起15日内作出是否立案的规定？

本条规定了药品监督管理部门对进行检验的先行登记保存物品立案时限。需要注意的是，先进行先行登记保存后抽验的，在抽取样品时，应经当事人现场确认检品来源，按照规定封样。本条并没有明确要求告知当事人进行检验的先行登记保存物品检验周期，但要求必须自发出检验报告之日起15日内决定是否立案，立案的应该送达《立案通知书》，告知当事人。实践中，检验报告书发出之日起15日内比较难于把握，可能会出现已经到15日，但相关执法人员尚未接到检验报告的情况。《药品质量抽查检验管理规定》规定："进行药品检验的药品检验机构，应当在检验报告书签发之日起2日内将药品检验报告书送达抽样单位。抽样单位应在2日内将药品检验报告书转给被抽样单位。对抽查检验不合格报告书，药品检验机构还必须同时将不合格报告书报当地同级药品监督管理部门，并抄报上一级药品检验机构。当地同级药品监督管理部门在接到不合格报告书后3个工作日内将不合格报告书报省（区、市）药品监督管理部门。"药品、医疗器械检验检测机构应依此规定提高检验报告传递工作效率，避免出现超期现象。

（5）什么情况下算是情况复杂？

本条尽管按照《强制法》规定了情况复杂的案件，查封、扣押期限可以最多延长至60日，但并未明确何种情况算是"情况复杂"，也很难做出具体规定。这就涉及到执法过程中的自由裁量问题，实践中可以根据办案需要，考虑具体案件情节而定。

（6）如何理解对先行登记保存的物品7日内作出处理决定？

《行政处罚法》和《处罚程序》规定，先行登记保存应当在7日内作出处理决定，但都没有进一步明确规定处理决定的内容和方式。《质量技术监督行政处罚程序规定》第二十二条规定："对于先行登记保存的证据，应当在7日内作出以下处理决定。逾期未作出处理决定的，先行登记保存措施自动解除。（一）根据情况及时采取记录、复制、拍照、录像等证据保全措施；（二）根据有关法律、法规规定采取查封、扣押、封存等行政强制措施；（三）违法事实不成立，或者违法事实成立但依法不应当予以查封、扣押、封存的，解除先行登记保存措施。"由此可以看出，7日内作出处理决定，并不是要求作出处罚决定，更不是说先行登记保存的期限不得超过7日。一般认为处理决定应大致分为四类。一是证据转化，即对先行登记保存的证据及时采取记录、复制、拍照、录像等证据保全措施，或者送交有关部门鉴定，将先行登记保存的证据转化为书证、物证、音像资料、鉴定结论等证据种类。二是依法处分，对于证据确凿、违法事实成立的案件，依法作出处罚决定，没收违法物品。反之，对于违法行为没有证明作用的，违法事实不成立的，或者违法事实虽成立但依法不应当采取行政强制措施或者没收的，应决定解除先行登记保存措施，先行登记保存的有关证据应返还当事人。三是采取强制措施，即对于不能在 7 日内认定违法行为是否成立，需要进一步调查取证的，而相关法律规定可以实施查封、扣押的，可以进一步采取查封、扣押措施。四是依法送检，即对质量可疑的医疗器械等物品及时送检验机构检验。

（7）如何理解查封扣押的期限不得超过 30 日？

本条规定的查封扣押期限不得超过 30 日，是依据《强制法》的规定而要求的，不是《修改决定》增设的规定。查封扣押 30 日后如何处理查封扣押物品？仅仅立案是不行的，因为立案后物品仍然处于查封、扣押状态。此时有可能出现以下情形：一是情况复杂的，经批准并书面告知当事人继续查封、扣押，但最长不能超过 60 日；二是认为应该解除查封、扣押的，应该接触；三是需要送交检验、检测、技术鉴定的，在告知当事人检验周期后根据检验结果作出处理，但去除检验、检测、技术鉴定时间，最长也不能超过 60 日；四是作出处罚决定，对相关物品予以没收，或根据有关证据解除查封、扣押。

（8）如何理解先行登记保存"7 日"内作出处理决定？

由于《行政处罚法》没有作出明确规定，如何理解其中的"3 日、5 日、7 日"问题，多年来理论界一直争议很大。笔者认为，行政案件能否成为"铁案"最终要能够经得起行政诉讼的检验。最高人民法院《关于执行＜中华人民共和国行政诉讼法＞若干问题的解释》第九十七条规定："人民法院审理行政案件，除依照行政诉讼法和本解释外，可以参照民事诉讼的有关规定。"也就是说，法院在审理行政诉讼案件过程中，如果行政法律法规没有明确解释的，可以到民事相关法律规定寻找参照依据。《民法通则》第一百五十四条规定："民法所称的期间按照公历年、月、日、小时计算。规定按照小时计算期间的，从规定时开始计算。规定按照日、月、年计算期间的，开始的当天不算入，从下一天开始计算。期间的最后一天是星期日或者其他法定休假日的，以休假日的次日为期间的最后一天。期间的最后一天的截止时间为 24 时。有业务时间的，到停止业务活动的时间截止。"由此可以看出，《行政处罚法》等行政法未对"3 日"、"5 日""7 日"、"15 日"等作出明确规定的，应遵循民事诉讼环节的相关法律规定去理解。

从其他行政执法部门的情况来看，国家质检总局、工商总局、水利部等部门均主张沿用《民法通则》的规定。比如国家质检总局《质量技术监督行政处罚程序规定》（2011 年 7 月 1 日施行）对先行登记保存 7 日内作出处理决定等条款中做出了"期间包括法定期间和质量技术监督部门指定的期间。期间以时、日、月、年计算，期间开始的时和日不计算在内。期间届满的最后一日是节假日的，以节假日后的第一日为期间届满的日期。期间不包括在途的时间，执法文书在期满前交邮的，不算过期。"的规定。

第二十五条 药品监督执法人员调查违法事实，需要抽取样品鉴定检验的，应当按国务院药品监督管理部门制定的药品或者医疗器械质量监督抽验管理规定的要求抽取样品。检验机构应当在规定时限内及时进行鉴定检验。

【条文解读】

本条所列为《修改决定》对原《处罚程序》修改后的规定。对原《处罚程序》的修改之处在于增加了对医疗器械监督抽验的规定。原规定要求对样品鉴定检验应该按照《药品质量监督抽验管理规定》进行，事实上由于《处罚程序》不仅适用于药品行政处罚，也适用于医疗器械行政处罚。这里的"样品"，不仅是药品，也可能是医疗器械。医疗器械不可能按照《药品质量监督抽验管理规定》进行抽样检验，这不能不说是原规定的瑕疵。为此，《修改决定》对此进行了修正。

现行《药品质量监督抽验管理规定》是2006年颁布实施的，其中个别条款与《强制法》有不一致之处，国家食品药品监督管理局正在组织修订。国家食品药品药品监督管理局现行《国家医疗器械质量监督抽验管理规定（试行）》是2006年颁布施行的，各省对医疗器械监督抽验可参照此规定执行。

【实务问题】

哪些情况需要抽取样品进行鉴定检验？

执法实践中可根据具体案情需要来确定是否需要来决定对样品进行鉴定检验。一般有以下几种情况：一是在检查现场发现药品或医疗器械质量可疑，直接进行抽样送检；二是在对作为证据先行登记保存的药品或医疗器械，考虑可能存在质量问题，因为案情需要进行抽样检验，此时等同于已经对先行登记保存的物品做出了送交检验的处理决定，应根据检验结果确定如何处理；三是在相关药品或医疗器械被查封或扣押后，发现质量可能存在问题需要检验、鉴定，此时检验鉴定时间不计算在查封、扣押时限；四是对现场的药品或医疗器械进行了抽样送检，同时对剩余的药品或医疗器械进行了查封或扣押。此时也应向当事人送达《检验、检测、技术鉴定告知书》，告知当事人检验周期，检验、检测、技术鉴定期间不计算在查封、扣押时限之内。

第二十六条 调查终结，承办人应当写出案件调查终结报告。其内容应当包括案由、案情、违法事实、证据、办案程序，违反法律、法规或者规章的具体条、款、项、目，处罚建议及承办人签字等。（简易程序除外）

【条文解读】

本条对调查终结后，承办人应当写出调查终结报告以及调查终结报告应当包括的内容作出了规定。案件调查终结报告是指对立案的药品或医疗器械行政处罚案件进行充分的调查取证后，认为已经查明事实，由调查人员写出全部案件情况和处理意见的内部文书。因此它所呈现的只是一种意见而不是最终的案件处理决定，在使用时要引起重视。由于案件调查终结报告属于制作式文书，并没有要求统一样式，但本条对该文书的内容进行了明确。实践中，应尽量增强该文书的说理性。本条特殊强调，简易程序除外，也就是说简易程序不需要撰写案件调查终结报告。

【实务问题】

（1）立案后多长时间内写出调查终结报告？

从立案到写出调查终结报告的期限，《处罚程序》对此未作出硬性规定。其他执法部门有的做出了相关规定，比如《烟草专卖行政处罚程序规定》第三十五条规定："调查取证应当自批准立案之日起30日内终结。案情重大、复杂需要延长调查取证期限的，应当经本烟草专卖行政主管部门负责人批准，并书面告知当事人。"实践中，尽管《处罚程序》未进行明确规定，但执法人员应尽量提高执法效率，不能将案件久拖不决。特别是对有查封、扣押物品的案件，更应按照规定，加快案件办理速度。

（2）调查终结报告制作完成后呈报给谁？

案件调查终结报告制作完成后，按照《处罚程序》规定，一般应进入合议阶段。但在实践中，各地陆续引入了法制机构审核环节，这在其他部门的规章中也有所体现。比如，《商务行政处罚程序规定》第三十六条规定："调查终结的，执法人员应当提交案件处理审批表。案件处理审批表包括当事人的基本情况、经调查核实的事实和证据、对涉嫌违法行为的定性意见、处理建议及其法律依据等内容。案件调查终结，或者商务主管部门认为应当终止调查的，按照以下方式处理：（一）认为违法事实成立，应当予以行政处罚的，撰写《商务行政处罚案件调查终结报告》，提出行政处罚建议，连同案卷材料交由本部门案件核审机构核审；（二）认为违法事实不成立，应当撤销案件的；或者违法行为轻微，没有造成危害后果或者危害后果较小，不予行政处罚的；或者应当移交其他行政机关或司法机关的，撰写《商务行政处罚案件调查终结报告》，说明拟作出处理的理由，连同案卷材料直接报商务主管部门负责人审批。"所以，各省可以根据本地的实际工作要求，对于应当予以行政处罚的，连同案卷材料报法制机构审核后，再进入合议程序。如果没有规定要经法制机构审核的，可以根据《处罚程序》第二十七条要求，直接进入合议程序。

第五节 《处罚决定》解读

第二十七条 承办人提交案件调查终结报告后，药品监督管理部门应当组织3人以上有关人员对违法行为的事实、性质、情节、社会危害程度、办案程序等进行合议，并填写《案件合议记录》（附表16）。合议应当根据认定的违法事实，依照有关药品、医疗器械管理法律、法规和规章的规定，分别提出如下处理意见：

（一）违法事实清楚，证据确凿，程序合法的，依法提出行政处罚的意见，对有可以不予处罚、从轻、减轻处罚或者从重处罚情节的，提出不予处罚、从轻、减轻处罚或者从重处罚的意见，构成犯罪的，在提出行政处罚意见的同时建议移送司法机关追究刑事责任；

（二）违法事实不清，证据不足，或者存在程序缺陷的，提出补充有关证据材料或者重新调查的意见；

（三）违法事实不能成立的，提出撤案申请，并填写《撤案申请表》（附表17）。

【条文解读】

本条规定了药品监督行政处罚的合议制度。坚持案件合议制度，不仅可以有效防范药品监督行政处罚过程中可能出现的差错与失误，更为重要的是，合议制度所体现的公开透明、民主集中、制约监督的原则，对于公开公正执法和有效开展执法监督具有十分积极的作用。实践中，有的药品监督管理部门成立了行政处罚案件审理委员会，施行集体审理制度，也是一种很好的做法，在质量技术监督等部门已经通过部门规章对这种做法作出了明确要求。需要说明的是，《行政处罚法》等法律或相关法规并未明确要求必须进行案件合议，合议制度是《处罚程序》的规定，行政处罚合议只是一个内部议事程序，不是决定批准程序，合议制度并不能代替行政首长负责制。《案件合议记录》是在案件调查终结后，由处（科）负责人组织案件承办人及有关人员对案件进行综合分析、审议时，记录案件讨论情况的文书。

【实务问题】

如何做好案件合议记录？

做好案件合议记录是提高办案质量的必然要求。应注意从形式的完整性和内容的规范性两方面来把握。

1. 形式完整 案件合议记录由首部、正文、尾部三部分组成。首部包括案由、当事人、合议时间、主持人、地点、合议人员、记录人，应逐项认真写清楚。尾部由主持人签字、合议人员签字、记录人员签字组成，上述各方应逐个签名。在此应注意，签名不能由他人代笔，因为签字代表了案件合议成员对于记录内容是自己真实意思表示。

2. 内容规范 正文是案件合议的内容，是合议记录最重要的部分，应做到以下四点。①全面完整。对案件汇报的事实、证据、依据、程序都要逐项详细记录。合议成员的案件合议其实就是一个推理过程，通过合法的程序，取得有关联、有效的证据，确定事实，并针对事实运用法律，而后得出案件的结论。合议成员从事实、证据、依据、程序等方面对案件进行评议，发表各自的意见，才能对事实认定、证据分析、法律适用、程序履行等内容有一个完整的反映。②客观真实。在案件的讨论过程中，合议成员之间可能会对案件的某些方面发生争论，为此，不仅要记录相同的意见，也要记录不同的意见；对于不同意见的交锋，记录也应完整反映。记录人员要真实地记录合议成员的发言内容，不得以自己对他人意见的理解代替他人的发言原意。③重点突出。合议意见是通过合议讨论的过程得出的共识，合议人员产生意见分歧是正常的；即使达成共识，对于不同的意见，也要记录下来，不能仅仅记录最后的一致意见。需要重点记录的是，合议成员对案件事实、证据、性质的认定程序和适用法律的评议意见。对于不同意见，应重点记录。④用语准确。完整的记录并不意味着将每位合议成员的发言一字不漏地记录下来。作为一名素质较高的记录人员，更重要的是须有一定文字功底和法律知识，能够精确表达合议成员意见的本意。即使有的合议成员在发表意见时语句不顺，没有用法言法语，但记录必须是语句通顺，"白话"、"俗语"应被还原成精确的正规语言和法律用语；对表达不简练的可根据其原意归纳总结，做到既不失原意又简明扼要。

第二十八条 药品监督管理部门在作出处罚决定前应当填写《行政处罚事先告知书》（附表18），告知当事人违法事实、处罚的理由和依据以及当事人依法享有陈述、申辩的权利。

药品监督管理部门必须充分听取当事人的陈述和申辩，并当场填写《陈述申辩笔录》（附表19），当事人提出的事实、理由或者证据经复核成立的，应当采纳。

药品监督管理部门不得因当事人申辩而加重处罚。

对依法需要听证的案件，药品监督管理部门履行事先告知义务及当事人行使陈述、申辩权利等，按照本章第二节的规定执行。

【条文解读】

本条规定了行政处罚事前告知的具体程序和相关内容。事先告知是《行政处罚法》

规定的一项法定程序，没有履行告知程序的行政处罚决定无效。事先告知应当在药品监督管理部门内部处理决定意见形成之后、正式处罚决定作出之前向当事人告知。行政处罚事先告知的方式有两种：①口头告知，口头告知当事人的，应当将告知情况记入笔录并由当事人签字或以其他方式确认；②书面告知，书面告知当事人的，应当向当事人送达告知书。本条要求以《行政处罚事先告知书》的形式书面告知。事先告知的主要内容有三项：①告知当事人拟作出行政处罚的事实、理由、依据和处罚内容，这部分内容应当与后续正式的行政处罚决定书一致，其中，处罚的内容必须明确具体和量化；②告知当事人依法享有陈述权、申辩权（符合听证条件的告知听证权利）。③告知当事人行使陈述权、申辩权的期限。经过复核并填写《陈述申辩复核意见书》后，认为当事人提出的事实、理由或者证据成立的，药品监督管理部门应当采纳，因采纳申辩意见而对原有事实认定、法律适用或者处罚结果产生影响的，应当重新审批，形成新的处理决定意见，并再次告知当事人。需要明确的是，药品监督管理部门不得因当事人行使陈述权、申辩权而加重对其的行政处罚。但是如果发现了新的证据而对原有事实认定和法律适用产生影响的不在此列。如果当事人在规定期限内明示放弃申辩或者没有提出申辩，药品监督管理部门应当按原有告知内容做出处罚决定，并依法向当事人送达。对违法行为事实清楚，证据确实充分，依法应当予以行政处罚，因违法嫌疑人逃跑等原因无法履行告知义务的，可以采取公告方式予以告知。

【实务问题】

（1）如何把握当事人陈述申辩的时限？

《行政处罚法》等法律法规及《处罚程序》并没有明确规定药品监督行政处罚案件中当事人陈述申辩的具体时限。实践中，可本着便民、利民、效率的原则，充分考虑当事人的具体情况来告知当事人陈述申辩的期限。从其他执法部门的情况来看，有的部门规章确实对此作出了规定，比如《烟草专卖行政处罚程序规定》规定，当事人应在收到行政处罚事先告知书之日起3日内向作出行政处罚的烟草专卖行政主管部门提出陈述、申辩，逾期未提出的，视为放弃权利。《商务行政处罚程序规定》规定，自商务主管部门告知之日起3日内，当事人未进行陈述、申辩的，视为放弃陈述权、申辩权。药品监督管理部门可参考这些做法，为当事人确定合理的陈述、申辩时间。国家食品药品监督管理局《关于决定立案后查封扣押物品处理等问题的批复》（国食药监法〔2004〕134号）明确："《行政处罚法》、《药品监督管理行政处罚程序规定》中未对当事人陈述、申辩的时限作出明确规定。对当事人何时进行陈述、申辩的问题，药品监督管理部门应当根据实际情况，本着合理、便民、效率的原则具体处理。"

（2）当事人放弃陈述、申辩后，又要求陈述、申辩怎么办？

当事人放弃陈述、申辩权包括两种情形，一种是已经超过药品监督管理部门告知的陈述、申辩时限，此时已经被视为放弃权利；另一种是在药品监督管理部门告知的陈述、申辩时限之内，当事人已经在《陈述申辩告知书》上签署"放弃陈述申辩"的意思表示，或口头告知药品监督管理部门放弃陈述、申辩。在放弃陈述、申辩后，当事人能否要求再次陈述、申辩？

陈述是指行为人为自己的行为进行客观的说明和介绍的一种行为；申辩是指当事人为自己的行为申述理由和辩解的行为。《行政处罚法》之所以要设定当事人享有陈述、申辩权，一方面是为了从行政执法程序上保障当事人的权益；另一方面也是为了通过当事人的陈述、申辩促使行政机关进一步查明违法事实。如果行政处罚决定已经作出，为维护行政处罚的严肃性，一般不应再听取陈述申辩意见。如果还没有作出行政处罚决定，且当事人提出了正当的事实、理由或者证据，药品监督管理部门应允许当事人陈述、申辩。如果不允许当事人陈述、申辩，只能造成当事人启动复议、诉讼等其他救济途径。但也必须看到，如果允许当事人超过陈述、申辩告知的时限来回反复无常，不但难以提高办案效率，也难以体现行政处罚的严肃性。《行政处罚法》规定"行政机关及其执法人员在作出行政处罚决定之前，不依照本法第三十一条、三十二条的规定向当事人告知给予行政处罚的事实、理由和依据，或者拒绝听取当事人的阵述、申辩，行政处罚决定不能成立；当事人放弃阵述或者申辩权利的除外。"意味着在当事人放弃陈述申辩的情况下未听取当事人陈述、申辩意见的行政处罚仍然是可以成立的。

（3）能否仅告知当事人行政处罚的种类，而不告知具体处罚幅度？

实践中，有的药品监督管理部门仅在《行政处罚事先告知书》中告知当事人违法的法律条款和处罚的种类，而不告知处罚的具体内容。比如，对经营无产品注册证书医疗器械的，仅告知当事人拟作出没收违法经营的产品和违法所得，并处违法所得2倍以上5倍以下的罚款，而不告知罚款具体是几倍。理由是本条仅规定告知当事人违法事实、处罚的理由和依据以及当事人依法享有陈述、申辩的权利，并没有要求告知处罚的具体内容。这种做法是不妥当的，虽然从形式上看，行政机关履行了告知义务，但实质上未能让当事人充分行使申辩权。有的当事人对拟处罚的违法行为及法律依据不提异议，仅对处罚轻重予以申辩。因行政机关未确切地告知处罚结果，当事人无从知晓其将要承担的行政法律责任，致使其无法申辩或不敢申辩。特别是行政机关拟作出属于听证程序范围的处罚时，当事人无法行使申请听证权。故其实质是剥夺了当事人的程序性权利，有违告知程序的立法本意。

（4）如何理解"作出处罚决定前"应当填写《行政处罚事先告知书》？

本条规定了在作出处罚决定前填写《行政处罚事先告知书》，究竟应该在作出处罚决定前的哪个环节填写，《处罚程序》并未明确。由于主管领导审批《行政处罚审批表》日期，即为药品监督管理部门作出行政处罚决定的日期，所以必须在《行政处罚审批表》之前填写《行政处罚事先告知书》。在《行政处罚事先告知书》下达之时，案件调查工作应该说仍然没有完全结束，因为还可能针对当事人的陈述申辩意见再次进行案件调查。一般而言，在遵守行政处罚告知时间的前提下，在何种办案阶段告知属于内部程序，并非主要问题。从规范执法程序，提高程序的科学性的角度看，将告知放在案件调查终结、经行政机关法制工作机构审查之后、制作《行政处罚审批表》之前显然最为合适。成立案件审批委员会的，应在案件审理委员会出具审理意见后告知。因为此时违法行为的事实已调查清楚，便于当事人陈述；此时拟作出的处罚决定的内容及其理由、依据都已明确，能有效避免随意处罚等情况的发生；为行政机关可能听取当事人的陈述、申辩而改变行政处罚留有了余地。但需要注意的是，在实际操作中存在的问题是，此时如果主管领导对拟行政处罚决定不同意，那么就会使已经发生的告知程序陷入两难境地。所以，应考虑在下达《行政处罚事先告知书》之前，及时向主管领导作出请示，或考虑增补相关执法文书报主管领导审批。

（5）复核当事人陈述申辩意见后改变行政处罚内容的，是否还要再次下达《行政处理通知书》告知当事人再次陈述申辩？

这应视具体情况分别对待：一是若正式处罚决定认定事实、理由、依据以及处罚种类等均没有变化，只是对违法行为的程度作了减小或减轻了处罚结果，则无需再次告知。也许这正是行使陈述权、申辩权的结果。二是若对原告知的违法事实有了扩大，或有了新的事实和法律依据，或重新对违法行为进行定性，或加重了拟处罚结果，或增加了处罚种类等，均应再次告知。因为当事人的陈述、申辩是基于原来的告知内容，若有调整，特别是不利于当事人的调整，当事人依法仍然享有陈述权、申辩权，这对保护当事人的权利，防止和减少行政机关的失误十分必要。

第二十九条 对违法事实清楚、证据确凿、程序合法，依据药品、医疗器械管理法律、法规、规章的规定，应当给予行政处罚的，由承办人填写《行政处罚审批表》（附表20），经承办机构负责人填写审核意见后，报药品监督管理部门主管领导审批。

对于重大、复杂的行政处罚案件，应当由药品监督管理部门负责人集体讨论决定，并填写《重大案件集体讨论记录》（附表21）。

【条文解读】

本条第一款规定了对给予行政处罚的案件的内部审批程序。首先由承办人员填写《行政处罚审批表》，并由承办的科室负责人填写审核意见。然后报主管领导审批。《行政处罚法》第三十八条第一款规定："调查终结，行政机关负责人应当对调查结果进行审查，根据不同情况，分别作出如下决定"，实质上是规定了行政处罚的行政机关首长负责制，主管领导在《行政处罚审批表》签字的日期，即应为作出行政处罚决定之日。这和一般机关行文过程中的领导签发日期为发文日期的道理是一样的。从《行政处罚审批表》开始，案由一般不应再加上"涉嫌"二字，因为此时药品监督管理部门认为事实已经查清，药品监督管理部门已经以该表为载体作出处罚决定。

本条第二款规定了重大案件集体讨论制度。《行政处罚法》第三十八条规定："对情节复杂或者重大违法行为给予较重的行政处罚，行政机关的负责人应当集体讨论决定。"也就是说，对情节复杂或者重大违法行为给予较重的行政处罚的案件进行集体讨论是法律规定，如果对此类案件没有经过集体讨论，可能会在行政诉讼环节被法院撤案。应该明确的是，重大复杂案件，行政处罚决定的作出，要由行政机关的负责人集体讨论决定的规定，与行政首长负责制并不矛盾。审查程序是一般程序中具体办案与决定处罚分开的体现。本法规定，行政处罚案件调查程序的具体工作，由其他执法人员办理。而审查程序的工作，即对调查结果进行审查、进而作出相应决定的工作，则要由该行政机关负责人或者其负责人集体去做。本来，《行政处罚法》对此还要求同时给予"较重处罚"的限定条件，较重是指责令停产停业、吊销许可证或者批准证明文件、较大数额罚款，但《处罚程序》在这点上作了更为宽泛的要求。

【实务问题】

（1）如何把握重大、复杂案件的标准？

对于重大、复杂行政处罚案件的区分，应当从行政机关进行行政执法工作的实际经验出发，予以确定。所谓重大、复杂案件，一般是指重大是指社会影响大，危害后果严重，涉及面广等。复杂是指案情复杂、曲折、调查困难、认定困难等。

对于重大、复杂行政处罚案件，应当由行政机关首长召集行政机关的负责人集体讨论，作出决定。法律这样规定是表明对重大、复杂行政处罚案件的处理持极为慎重的态度，行政机关依照法定程序处理重大、复杂行政处罚案件，能够既保障行政机关依法行政，又能维护公民、法人或者其他组织的合法权益。由于我国各地经济发展水平存在较大差异，因此在确定是否属于重大、复杂案件或者重大违法行为时，也存在着地区差异。由于《处罚程序》并没有明确重大、复杂案件的范围，具体可根据各省的相关规定执行。但在规定不明确的情况下，应尽量降低门槛，避免由此引发争议。比如《河南省食品药品监督管理重大复杂行政处罚案件集体讨论制度（试行）》（豫食药监法［2011］160号）规定，下列情形为重大复杂案件："（一）拟处责令停产停业或者拟吊销《药品生产许可证》、《药品经营许可证》、《医疗机构制剂许可证》、《医疗器械生产企业许可证》、《医疗器械经营企业许可证》和拟撤销药品、医疗器械批准证明文件的；（二）拟对涉案单位或其有关责任人进行资格罚的；（三）案值金额3万元以上的；（四）有关职能部门对案件处理意见分歧较大，难以形成一致意见的；（五）上级机关挂牌督办的；（六）影响较大的涉外案件；（七）其他需要集体讨论决定的案件。"

（2）进行重大案件集体讨论的案件是否还需要合议？

重大案件集体讨论不同于合议，重大案件集体讨论发生在审批过程中，是一种由部门负责人参与的决策机制，目的在于做出行政处罚决定；而合议发生在审批过程之前，是一种由不特定人员参与的讨论机制，目的在于提出处理意见。重大案件集体讨论与合议是相互独立的环节，两者不能混为一谈。但合议是规章规定的内部议事程序，原则上是不可诉的。根据《行政处罚法》的规定，行政处罚决定的作出，要么是行政机关首长审查后作出决定，要么是机关负责人集体讨论作出决定。如果对于重大、复杂案件，而且又决定给予较重行政处罚的，如果不经过集体讨论即作出决定，可能会引发败诉。

（3）集体讨论记录能否采用会议纪要的形式？

对于重大、复杂、拟给予较重行政处罚的案件，讨论记录除了可以使用《重大案件集体讨论记录》外，也可以采用会议纪要的形式，会议纪要应是行政机关正式的文件。需要注意的是，《重大案件集体讨论记录》是行政处罚审批的一种特殊形式，当某一行政处罚案件使用了《重大案件集体讨论记录》，就不必再使用《行政处罚审批表》。本条两款之间是一种并列关系。这点和《行政处罚法》第三十八条规定的两种作出行政处罚决定的审批模式是一致的。

第三十条 药品监督管理部门作出行政处罚决定，应当制作《行政处罚决定书》（附表22）。

《行政处罚决定书》应当载明下列事项：

（一）当事人的姓名或者名称、地址；

（二）违反法律、法规或者规章的事实和证据；

（三）行政处罚的种类和依据；

（四）行政处罚的履行方式和期限；

（五）不服行政处罚决定，申请行政复议或者提起行政诉讼的途径和期限；

（六）作出行政处罚决定的药品监督管理部门名称和作出决定的日期。

《行政处罚决定书》必须盖有作出行政处罚决定的药品监督管理部门的公章。

行政处罚内容有没收假劣药品、医疗器械或者有关物品的，《行政处罚决定书》应当附有《没收物品凭证》（附表23）。

【条文解读】

本条规定了制作行政处罚决定书的书面形式要求以及行政处罚决定书的法定内容。当事人的类型包括公民、法人或者其他组织。当事人的基本情况包括：公民的姓名、性别、年龄和住址等；或者法人及其他组织的的名称、地址、负责人的姓名和职务等。处罚决定书载明的法律依据应当包括具体法律法规或规章的名称全称和有关条款的全部内容。有关条款包括两种：一是违法事实的定性条款；二是具体的责任条款。行政处罚履行方式是指当事人以什么形式履行行政处罚。如到指定银行交纳罚款，应当载明接收罚款的机构名称、地址以及缴款时限。当事人的救济途径主要包括：申请行政复议、提起行政诉讼。《行政处罚决定书》应当载明接受复议申请的复议机关、或者受理行政诉讼的人民法院的具体名称。自当事人收到处罚决定书之日起，当事人提起行政复议的期限为60日，提起行政诉讼的期限为3个月。处罚决定书上加盖的印章名称应当和药品监督管理部门行政机关的名称一致，并且要和作出《行政处罚审批表》的对药品监督管理部门主管领导所在机关相统一。对作出没收处理的假劣药品、医疗器械或者有关物品的，应当开具《没收物品凭证》，附在《行政处罚决定书》之后，并在其中注明"见《没收物品凭证》"。此外，需要注意的是，如果当事人在案件调查过程中提出了陈述申辩意见的，一定要在《行政处罚决定书》中体现对意见的复核情况。

【实务问题】

《行政处罚决定书》的落款日期和《行政处罚审批表》的领导签批日期是否应一致？

本条规定了《行政处罚决定书》必须载明作出决定的日期，由于药品监督管理部门主管领导在《行政处罚审批表》签批日期即为作出行政处罚决定的日期，故此，《行政处罚决定书》的落款日期和《行政处罚审批表》的领导签批日期应一致。对于实行机关负责人集体讨论决定的重大、复杂案件给予较重处罚的，《行政处罚决定书》的落款日期应与集体讨论通过日期一致。

第三十一条 药品监督管理部门对依法没收的药品、医疗器械及相关物品和涉案的原材料、包装、制假器材，应当在超过诉讼期限后依照《行政处罚法》第五十三条规定予以处理。处理前应当核实品种、数量并填写《没收物品处理审批表》（附表24）及《没收物品处理清单》（附表25）。

【条文解读】

本条对没收的相关物品的处理作了规定。一是没收后处理的物品包括药品、医疗器械及相关物品和涉案的原材料、包装、制假器材；二是处理的期限应该在超过诉讼期限之后。《行政处罚法》第五十三条规定，除依法应当予以销毁的物品外，依法没收的非法财物必须按照国家规定公开拍卖或者按照国家有关规定处理。罚款、没收违法所得或者没收非法财物拍卖的款项，必须全部上缴国库，任何行政机关或者个人不得以任何形式截留、私分或者变相私分；财政部门不得以任何形式向作出行政处罚决定的行政机关返还罚款、没收的违法所得或者返还没收非法财物的拍卖款项。

【实务问题】

（1）如何理解"在超过诉讼期限后"依照《行政处罚法》第五十三条规定予以处理？

对于非复议非诉讼案件，应在当事人接到《行政处罚决定书》3 个月后；对于当事人提起行政复议的，应待复议机关作出复议决定后（行政复议机关应当自受理申请之日起60 日内作出行政复议决定；但是法律规定的行政复议期限少于 60 日的除外。情况复杂，不能在规定期限内作出行政复议决定的，经行政复议机关的负责人批准，可以适当延长，并告知申请人和被申请人；但是延长期限最多不超过 30 日）再予以处理。如果因行政复议撤销或变更处罚决定的，应待重新作出处罚决定后再依本条执行。如果当事人在接到《行政复议决定书》后 15 日内提起诉讼的，应根据法院判决结果而定。如果判决撤销或变更处罚决定的，应待重新作出处罚决定后再依本条执行。如果被裁定行政处罚无效的，应返还被查封、扣押的财物。

（2）对没收的药品、医疗器械或制假设备能否进行拍卖？

《行政处罚法》第五十三条规定，除依法应当予以销毁的物品外，依法没收的非法财物必须按照国家规定公开拍卖或者按照国家有关规定处理。从中可以看出，对相关物品既可以销毁，也可以进行拍卖，但要将拍卖所得上缴国库。在实践中，对于无证经营或非法渠道采购的药品或医疗器械能否拍卖的问题，主要是行政机关担心产品可能存在质量问题，拍卖后产品的质量责任由谁承担？对此，由于缺乏统一规定造成基层执法事件中比较纠结。从《行政处罚法》的规定来看，将相关药品、医疗器械、造假设备等进行拍卖是可以的，能够避免社会资源浪费。但药品和医疗器械是特殊商品，药品监督管理部门应尽量考虑对相关产品进行抽验或组织技术鉴定，抽验或鉴定合格的应该可以考虑拍卖。如果难以确定产品质量和来源的，或数量较小难以进行送检的，应本着谨慎原则，尽量予以销毁。

第三十二条 药品监督管理部门在进行案件调查时，对已有证据证明有违法行为的，应当出具《责令改正通知书》（附表 26），责令其改正或者限期改正违法行为。

【条文解读】

《行政处罚法》第二十三条规定，行政机关实施行政处罚时，应当责令当事人改正或者限期改正违法行为。本条对此进行了进一步明确，要求在进行案件调查时，只要发现违法行为，就应该责令改正违法行为。事实上，《行政处罚法》要求在"行政机关在实施行政处罚时"责令改正，不是在作出处罚决定时在《行政处罚决定书》中进行改正。从启动案件调查开始到作出处罚决定的任何阶段发现违法行为，都应当责令当事人改正违法行为，从而使违法行为得到及时制止。需要注意的是，当事人违法行为的终止，一种是自行终止违法行为，一种是因行政机关发现违法行为责令当事人改正后而终止。如果行政机关发现违法行为没有及时制止，当事人继续从事同类违法活动，会涉及到"一事不两罚款"的时间计算问题，从而使行政机关陷入被动状态。

【实务问题】

如何把握责令限期改正违法行为的期限？

由于《行政处罚法》等法律法规并未对责令改正的期限进行具体规定，执法人员应遵循合理性原则，即应根据具体违法行为的性质和实际情况，合理的设定整改时限。既不要让整改单位无法完成，也不要过于宽松制造隐患。需要注意的是，责令改正期限届满后执法人员要如期复查。需要注意的是，要注意区分责令限期改正与责令停产停业整顿。本条规定的"责令限期改正"实质上是一种行政命令，而"责令停产停业"是对当事人的一种较重行政处罚，需要履行法定程序才能做出。

第六节　《听证程序》解读

第三十三条　药品监督管理部门在作出责令停产停业、吊销许可证、撤销药品、医疗器械批准证明文件或者较大数额罚款等行政处罚决定前，应当告知当事人有要求举行听证的权利。

当事人要求听证的，应当组织听证。

对较大数额罚款的划定，依照本省、自治区、直辖市人大常委会或者人民政府的具体规定执行。

【条文解读】

听证程序是指行政机关在作出行政处罚决定之前听取当事人的陈述和申辩，由听证程序参加人就有关问题相互进行质问、辩论和反驳，从而查明事实的过程。举行听证，不向当事人收取费用。该程序并不是和一般程序、简易程序并列的第三种处罚程序，而是对当事人给予较重处罚条件下的一种特殊规定，仍属于一般程序的范围。听证程序赋予了当事人为自己辩护的权利，为当事人充分维护和保障自己的权益，提供了程序上的条件。在听证程序中，当事人有权充分表达自己的意见和主张，提出有利于自己的证据；有权为自己辩解，反驳不利于自己的证据；有权与执法人员进行对质和辩论。除责令停产停业、吊销许可证、撤销药品、医疗器械批准证明文件外，较大数额罚款的听证标准应该按照各省、自治区、直辖市人大常委会或者人民政府的具体规定执行。比如河北省人民政府关于行政处罚听证范围中较大数额罚款数额的通知（冀政函［1997］46号）规定，对从事非经营活动的公民处以500元以上罚款，对从事非经营活动的法人或者其他组织处以5000元以上罚款；对从事经营活动的公民处以1000元以上罚款，对从事经营活动的法人或者其他组织处以10000元以上罚款，在作出行政处罚决定之前，应当告知当事人有要求举行听证的权利；当事人要求听证的，应当组织听证。

【实务问题】

（1）对没收非法财物数额较大的，是否需要组织听证？

最高人民法院《关于没收财产是否应当进行听证及没收经营药品行为等有关法律问题的答复》（［2004］行他字第1号）规定，在作出没收较大数额财产的行政处罚决定前应告知当事人有权要求举行听证。有关"较大数额"的标准问题，应参照省、自治区、直辖市人民政府的相关规定认定。2012年，最高人民法院发布第6号指导案例，明确提出："为了保证行政相对人充分行使陈述权和申辩权，保障行政处罚决定的合法性和合理性，对没收较大数额财产的行政处罚，也应当根据《行政处罚法》第四十二条的规定适用听证程序。"对于没收较大数额财产的行政处罚，如果药品监督管理部门没有履行听证程序，在后续的诉讼过程中，有可能被法院撤销处罚决定。为此药品监督管理部门对于没收较大数额财产的行政处罚应履行听证程序。

（2）对取得个体工商户营业执照的医疗器械经营单位是否按照公民对待？

对取得个体工商户营业执照的医疗器械经营单位，相关法律法规并未明确规定是否按照公民、法人还是其他组织对待，这直接涉及到履行听证程序的标准问题。为充分保障当事人的合法权益，实践中建议考虑按照公民对待，在执法文书书写过程中，当事人应填写经营者姓名，有字号的要列明字号。事实上，个体工商户作为特定历史条件下的产物，不论是《药品管理法》还是《医疗器械监督管理条例》提出的均是"药品经营企业"和"医疗器械经营企业"的概念，"个人"是无资格经营药品或医疗器械（一类医疗器械和不需要取得许可经营的品种除外）的，所以药品监督管理部门核发的也是《医疗器械经营企业许可证》。从各省情况看，部分省份工商行政管理部门已经对此进行了调整。需要注意的是，《个体工商户条例》规定："个体工商户变更经营者的，应当在办理注销登记后，由新的经营者重新申请办理注册登记。家庭经营的个体工商户在家庭成员间变更经营者的，依照前款规定办理变更手续。"，也就是对个体工商户变更经营者是有严格限制的，药品监督管理部门在办理行政许可时应注意这一问题。

第三十四条　听证应当遵循公开、公正的原则。除涉及国家秘密、当事人的业务、技术秘密或者个人隐私外，听证应当公开进行。

听证实行告知、回避制度，并依法保障当事人的陈述权和申辩权。

【条文解读】

行政处罚的听证程序，应当遵循三项基本原则，即公开原则、公正原则和职能分离原则。

1. 公开原则　除涉及国家秘密、商业秘密或者个人隐私的案件外，听证应当公开举行，允许公众旁听。公开原则与听证程序的性质相符，是现代法治国家的一个基本要求。听证公开有两个方面功效：一是有利于保证行政处罚全面、客观地行使；二是有利于加强公民对行政机关的监督，提高公民的守法意识。

2. 公正原则　公正原则是指通过赋予当事人陈述、申辩、质证、申请回避等权利，变以往的单向管理为双向制约，最大限度防止偏私。公正原则体现在两个方面，一是在听证权利和听证义务的设定上，案件调查人员、当事人和第三人一视同仁；二是主持人与当事人有直接利害关系的，应当主动回避。当事人认为主持人与本案有直接利害关系的，有权申请其回避，变当事人的事后救济为事先、事中控制。

3. 职能分离原则　职能分离原则是指在听证过程中，调查、听证由行政主体内部的不同机构或人员来实施，参与行政处罚案件的调查活动的人员不能担任听证主持人。如果听证主持人参与了案件调查活动，容易先入为主，造成裁判员和运动员角色混同，导致主持时出现倾向性，根据新《处罚程序》第三十八条，听证主持人由药品监督管理部门主管领导指定本机关内部的非本案调查人员担任，一般由本机关法制机构人员或者从事法制工作的人员担任。目的就是要保证听证程序的公平。

【实务问题】

当事人放弃听证的，是否还允许当事人陈述申辩？

国家食品药品监督管理局《关于决定立案后查封扣押物品处理等问题的批复》（国食药监法〔2004〕134号）明确："对依法需要举行听证的案件，药品监督管理部门可以径行按照规定履行听证告知的义务，但在听证告知中应当一并告知当事人如放弃要求举行听证权利的，仍可按照有关规定向药品监督管理部门进行陈述和申辩。"为此，向当事人下达《听证告知书》的可不再下达《行政处罚事先告知书》，但需要在《听证告知书》中告知"如你单位放弃听证权利，依照《中华人民共和国行政处罚法》第六条第一款、第三十一条之规定，可在收到本告知书×日内到××食品药品监督管理局陈述和申辩，逾期视为放弃陈述和申辩。"这样既能够保证当事人的合法权益，促使行政机关查明案件事实，又能够提高办案效率。

第三十五条 药品监督管理部门对于适用听证程序的行政处罚案件，应当在作出行政处罚决定前，向当事人送达《听证告知书》（附表27）。

《听证告知书》应当载明下列主要事项：

（一）当事人的姓名或者名称；

（二）当事人的违法事实、行政处罚的理由、依据和拟作出的行政处罚决定；

（三）告知当事人有要求听证的权利；

（四）告知提出听证要求的期限和听证组织机关。

《听证告知书》必须盖有药品监督管理部门的公章。

【条文解读】

本条规定了《听证告知书》应当载明的具体内容。适用听证程序的行政处罚案件是指作出责令停产停业、吊销许可证、撤销药品、医疗器械批准证明文件或者较大数额罚款等行政处罚决定的案件。"在作出行政处罚决定前"是指药品监督管理部门主管领导签批《行政处罚审批表》的时间或行政机关负责人集体讨论作出决定日期之前。《听证告知书》是对当事人进行听证权利告知的载体，必须加盖药品监督管理部门公章，不能加盖承办科室印章。需要注意的的是，《听证告知书》必须告知当事人违法事实、行政处罚的理由、依据和拟作出的行政处罚决定具体种类、处罚幅度等内容。

【实务问题】

是否要在《听证告知书》中告知当事人向药品监督管理部门的法制机构提出听证？

根据本条规定，《听证告知书》应载明当事人提出听证要求的的听证组织机关。这里的"听证组织机关"是指具体药品监督管理机关，如某食品药品监督管理局。而不是药品监督管理局的内设机构，比如法规科。尽管听证的具体承办科室可能是法制机构，但此时听证还没有启动，法制机构还不了解案情。如果当事人没有提出听证或者明确表示放弃听证，程序可直接往下进行；如果当事人提出了申请，药品监督管理部门就应当将案件移送法制机构组织听证。

　　第三十六条　当事人在收到听证告知后 3 日内提出听证要求的，药品监督管理部门应当在当事人提出听证要求之日起 3 日内确定听证人员的组成、听证时间、地点和方式，并在举行听证会 7 日前，将《听证通知书》（附表 28）送达当事人。

　　《听证通知书》应当载明下列事项并加盖药品监督管理部门公章：

　　（一）当事人的姓名或者名称；

　　（二）举行听证的时间、地点和方式；

　　（三）听证人员的姓名；

　　（四）告知当事人有权申请回避；

　　（五）告知当事人准备证据、通知证人等事项。

　　【条文解读】

　　行政处罚听证是一种依申请的行政行为，以当事人提出要求为前提。本条规定了当事人提出听证要求的时限规定，对下达《听证通知书》从时限和内容方面作出了要求。本条规定了当事人应当在接到《听证告知书》后，3 日内提出听证申请。至于当事人是口头提出申请还是书面提出，都是可以的。口头申请的，药品监督管理部门应当当场记录申请人的基本情况、申请听证的主要理由以及申请时间等内容，并由当事人签字或者以其他方式确认。一是因为产生争议时有据可查；二是为了保证听证申请行为的严肃性，便于行政机关处理行政许可申请。当事人行使该权利，提出听证要求时，药品监督管理部门必须接受申请。但当事人 3 日内未提出申请的，即视为放弃该权利，无须再组织听证。需要注意的是，这里的"3 日"、"7 日"，期间开始之日不计算在内，期间不包括在途时间。期间届满的最后一日为法定节假日的，以节假日后的第一日为期间届满的日期。

　　听证往往涉及当事人的重要权利，当事人有必要了解听证所涉及的事项，如听证如何进行，在何地举行，只有在合理的时间前得到通知，当事人才能进行充分的准备，在听证中更充分表达自己的观点。根据本条规定，药品监督管理部门应当在举行听证会 7 日前，将听证时间、听证地点书面通知当事人。

　　【实务问题】

　　（1）如何理解举行听证会 7 日前，将《听证通知书》送达当事人？

　　听证通知应该在"举行听证会 7 日前"送达当事人，而不是"举行听证会前 7 日内"，两者含义不同。例如药品监督管理部门决定 11 月 8 日举行听证，那么在 11 月 1 日以前就应通知当事人。

　　（2）是否要在《听证通知书》中告知听证要点？

　　本条规定了必须通知的内容是"听证时间和听证地点"，并"告知当事人准备证据、通知证人等事项"，这主要是为了让当事人准时到达确定的听证举行地，使听证得以顺利举行，并准备相关证据。至于行政处罚的事实问题和法律问题是否需要通知，本条没有统一要求，实践中为使当事人有针对性地进行准备，保证听证效果，有必要将听证要点通知当事人。

　　（3）《听证通知书》是否只能直接送达？

　　根据本条规定，听证通知应当采取书面方式，不能电话通知或者口头通知。在送达听证通知时，一般应直接送达；不能直接送达的，可依法采取邮寄送达、公告送达、委托送达等。不管采取何种送达方式，都要保留送达的证据，避免事后在是否送达听证通知问题上发生争议。但不论采取何种送达方式，必须保证在举行听证会7日前，将《听证通知书》送达当事人。

第三十七条 当事人接到《听证通知书》后，应当按时出席听证会，也可以委托1至2人代理出席听证会。委托他人代理听证的应当提交由当事人签字或者盖章的委托书。

因故不能如期参加听证的，应当事先告知主持听证的药品监督管理部门。无正当理由不按期参加听证的，视为放弃听证要求，药品监督管理部门予以书面记载。

在听证举行过程中，当事人提出退出听证的，药品监督管理部门可以宣布听证终止，并记入听证笔录。

【条文解读】

当事人可以亲自参加听证程序，也可以委托他人参加听证程序。参加听证是当事人的权利，当事人可以自己行使这一权利，亲自参加听证程序，自己进行陈述、辩解、反驳和辩论；也可以委托他人代理自己去行使这一权利，由他人代理自己参加听证程序。当事人如果委托他人代理，则需履行法定的委托手续；代理人代理他人参加听证，则需有委托人的明确授权，也就是说，听证程序中当事人的代理人必须有合法的代理权。代理人可以是律师或者其他人员，不能超过2人。在代理人参加听证时，药品监督管理部门应要求代理人出具由委托人签名或者盖章的授权委托书和代理人的身份证明。

本条规定因故不能如期参加听证的，应当事先告知主持听证的药品监督管理部门。无正当理由而不按期参加听证的，视为放弃听证要求，药品监督管理部门予以书面记载，行政处罚程序继续后面程序。如果当事件人有"正当理由"，比如因病不能参加，应告知当事人推迟听证时间，但要注意做好书面记录。

【实务问题】

（1）什么是代理？

代理是指以他人的名义，在授权范围内进行对被代理人直接发生法律效力的法律行为。代理人以被代理人的名义在代理权限内进行直接对被代理人发生效力的法律行为。包括民事代理、诉讼代理以及其他具有法律意义的行为。代理具有下列基本特征：一是代理行为必须是具有法律意义的行为；二是代理人在代理权限内独立为意思表示；三是代理人以被代理人的名义为法律行为；四是被代理人对代理人的代理行为承担责任。

（2）在听证举行过程中，当事人提出退出听证的是否还要重新举行听证？

本条第三款规定，在听证举行过程中，当事人提出退出听证的，药品监督管理部门可以宣布听证终止，并记入听证笔录。这里的"终止"与"中止"不同，"中止"是暂时停止，条件具备后还要继续。"终止"意味着听证程序结束，以后不再组织听证。所以，对此种情形，不必再重新组织听证。

（3）对当事人听证会迟到问题如何处理？

本条第二款规定，因故不能如期参加听证的，应当事先告知主持听证的药品监督管理部门。无正当理由不按期参加听证的，视为放弃听证要求，药品监督管理部门予以书面记载。当事人听证会迟到，也属于"不能如期"参加听证的范围。但如果当事人因为交通拥堵等原因，不能到场。药品监督管理部门应主动通过电话等方式与当事人联系，必要情况下可考虑推迟听证会开始时间。如果当时人没有正当理由，甚至是恶意迟到，应视为放弃听证要求。广西壮族自治区地方税务局曾就此问题给柳州市地方税务局作出过书面答复："税务机关向当事人送达的《税务行政处罚听证会通知书》明确了举行听证会的准确时间，但当事人无正当理由迟到听证会场的，听证主持人视具体情况对当事人进行批评教育后，可以决定举行听证会，也可以决定听证会改期举行。听证会改期举行的，应制作改期听证通知书送达当事人。听证会改期后，当事人仍未按时到听证会场的，听证主持人可以根据国家税务总局《税务行政处罚听证程序实施办法（试行）》（国税发〔1996〕190号）第十二条规定，当即宣布视为当事人放弃听证权利、本案听证程序终结。同时由听证记录员记明有关情况经听证主持人和本案调查人员签字后附卷备查。"

第三十八条 听证人员包括听证主持人和书记员。

听证主持人由药品监督管理部门主管领导指定本机关内部的非本案调查人员担任，一般由本机关法制机构人员或者从事法制工作的人员担任。

书记员由药品监督管理部门内部的一名非本案调查人员担任，负责听证笔录的制作和其他事务。

【条文解读】

本条第二款主要规定了听证主持人及其基本要求。听证主持人是指药品监督管理部门主管领导指定的负责主持行政处罚案件听证工作的人员，一般由本机关法制机构人员或者从事法制工作的人员担任，相关人员应熟悉业务。

【实务问题】

为什么要规定"非本案调查人员"担任主持人？

设立听证程序的目的就是提供一个相对中立的环境，让当事人充分发表自己的看法和意见。听证主持人在法律地位上应具有独立性，保持中立，以公正的形象给当事人和案件调查人员平等的地位和权利，从而为案件的公正处理打下良好的基础。

第三十九条 当事人认为听证主持人和书记员与本案有利害关系的，有权申请回避。听证主持人的回避由药品监督管理部门主管领导决定；书记员的回避，由听证主持人决定。

【条文解读】

《行政处罚法》第四十二条第四项规定"听证由行政机关指定的非本案调查人员主持；当事人认为主持人与本案有利害关系的，有权申请回避。"因此，下列两种人员不能被指定为听证主持人。一是本案的执法人员，规定本案执法人员不能担任听证主持人，是职能分离原则的具体体现。理论基础在于任何人都不能充当自己案件的法官。听证主持人与执法人员同为一人时，听证人员就不可能处于一种超然的心理状态，客观、公正的听取双方意见，忽视当事人提出的证据和反驳，其结果使听证程序形同虚设。二是《处罚程序》第十五条规定的应当回避的人员，即"与当事人有直接利害关系"的人员。如果当事人对主持人有异议，那么他有权申请该主持人回避。如果行政机关认为当事人的异议申请成立，则应该另行指定听证程序的主持人。需要注意的是，很多地方法规要求听证主持人应当具备其他条件，比如经过法律知识培训并取得听证主持人资格证书等，如果地方性法规规定了其他条件的，听证主持人也应具备。

【实务问题】

主持人或书记员能否主动回避？

主持人或书记员如果为本案承办人或符合《处罚程序》第十五条规定情形的，应当主动回避，但也要经过批准。听证主持人的回避由药品监督管理部门主管领导决定；书记员的回避，由听证主持人决定。对回避申请的审批，原则上应考虑留下书面记录。

第四十条 有下列情形之一的，可以延期举行听证：

（一）当事人有正当理由未到场的；

（二）当事人提出回避申请理由成立，需要重新确定听证人员的；

（三）需要通知新的证人到场，或者有新的事实需要重新调查核实的。

【条文解读】

本条规定了可以延期举行听证的三种情形，"可以"不是"必须"，如果行政机关主管领导认为不延期举行听证，能够解决问题的，可以准时听证。比如尽管原定的主持人进行了回避，但能够及时指定新的主持人的，就可以按期举行听证会。

【实务问题】

在听证前当事人向药品监督管理部门提交了新的证据的，能否延期举行听证？

听证的目的就是要通过充分听取当事人意见，促使执法人员进一步查清事实。如果在举行听证会前，当事人提交了切实能够证明案件事实的新证据的，药品监督管理部门应该考虑由执法人员进一步调查核实。此时应该考虑延期举行听证。如果在调查核实后，当事人认为没有必要再举行听证且明确告知药品监督管理部门不再参加听证的，因为促使执法人员进一步查清事实的目的已经达到，可以考虑不再组织听证，但药品监督管理部门要做好记录，并经当事人签字认可。

第四十一条 举行听证时，案件调查人员提出当事人违法事实、证据和行政处罚建议；当事人进行陈述、申辩和质证。

【条文解读】

举行听证时，当事人有权与调查人员进行辩论和质证。在听证程序中，针对调查人员提出的当事人违法的事实、证据以及作出相应行政处罚的建议，当事人有权提出对自己有利的证据，反驳对自己不利的证据；有权提出自己的意见和主张；有权与调查人员进行辩论、质问和对证。

【实务问题】

听证应按照什么样的程序进行？

听证一般按照下列程序进行。①主持人查明到场的当事人或者其他参加听证人员的身份，说明案由，告知当事人的权利、义务，宣布会场纪律，询问当事人是否申请主持人回避，宣布听证开始；②由调查人员指出当事人违法的事实，出示有关证据，提出处罚建议和依据；③当事人进行陈述和申辩；④有第三人的，由第三人进行陈述和申辩；⑤调查人员与当事人相互辩论、质证；⑥当事人进行最后陈述、申辩；⑦有第三人的，由第三人进行最后陈述；⑧调查人员进行最后陈述；⑨主持人宣布听证结束。第三人是指与案件处理结果有直接利害关系的当事人以外的公民、法人或其他组织。

听证应当制作笔录并由主持人、记录人签字。听证笔录交当事人审核无误后签字或者以其他方式确认；当事人拒绝确认的，听证人员应当注明情况并签字。

第四十二条　听证应当填写《听证笔录》（附表29）。《听证笔录》应当载明下列事项：

（一）案由；

（二）听证参加人姓名或者名称、地址；

（三）听证主持人、书记员姓名；

（四）举行听证的时间、地点、方式；

（五）案件承办人提出的事实、证据和行政处罚建议；

（六）当事人陈述、申辩和质证的内容；

（七）听证参加人签字或者盖章。

听证结束后，应当将《听证笔录》当场交当事人和案件承办人审核，无误后签字或者盖章。当事人拒绝签字的，由听证主持人在《听证笔录》上注明。

【条文解读】

本条专门对《听证笔录》的填写做出了规定。对于整个听证程序，行政机关应当制作笔录。笔录应当准确无误。行政机关工作人员应当将笔录交予当事人进行审核，如果当事人认为笔录中关于其陈述、申辩和反驳等内容的记载，与其自己所述的内容不符的，应当向行政机关提出，行政机关应当予以更正。当事人经审核笔录认为无误的，应当在笔录上签字或者盖章。

【实务问题】

制作《听证笔录》应注意哪些问题？

书记员制作听证笔录应注意以下问题。①听证之前要做好准备工作。要认真阅读案卷，熟悉案情，掌握案情的重点和关键，以及有关法律、法规、规章、地名、人名等。②如实记录是对任何种类笔录的共同的、基本的要求，听证笔录也不例外。其要求就是要从始至终如实记录听证的组织、进展过程、情况和各方的发言。③笔录要清楚明白。尽量体现出听证程序、分阶段进行的特征，即在正文栏可以按听证进展过程分几个分栏记录：听证主持人宣布听证开始的情况，包括对当事人权利的告知和当事人申请主持人回避的情况；案件调查人员关于当事人违法的事实、证据、依据和处罚建议的陈述；当事人及其代理人的陈述和申辩；相互的质证和辩论；案件调查人员、当事人的最后意见，即最后陈述；出现听证延期、中止、放弃情况的，该情况产生的原因、过程及相关决定。④记录应突出重点。对各方存在争议的地方及围绕争议所展开的质证和辩论,应详细记录。⑤记录应当完整,不得缺少法定要件和程序。笔录应在听证结束时,请当事人及听证主持人、参加人等确认。各方认为有遗漏或差错的应当进行补充或修改。

第四十三条 听证结束后,听证主持人应当根据听证情况,提出听证意见并填写《听证意见书》(附表30)。

【条文解读】

本条规定了听证主持人负责根据听证情况提出听证意见的要求。由听证主持人填写《听证意见书》。《行政处罚法》并没有要求听证主持人提出听证意见,本条规定是《处罚程序》新增的内容。在其他部门的规定也不一样,比如技术监督部门提出了"案审办应当将听证笔录和案件有关材料一并提交行政处罚案件审理委员会进行重新审理"的要求。实践中,可由听证主持人依据听证情况向主管领导或案件审批委员会提出意见,需要通过机关负责人集体讨论决定的重大、复杂案件应提交会上进行集体讨论。

【实务问题】

填写《听证意见书》应注意哪些问题?

"听证意见"是听证主持人综合案件承办人员、当事人发表的意见以及证据,确认案件事实是否清楚、证据是否确凿、程序是否合法、适用法律是否准确,并明确提出对本案的处理意见。《听证意见书》是听证结束后,听证主持人向本机关负责人提交的关于听证情况和处理意见的文书。《听证意见书》应当简明扼要、客观公正介绍案件基本情况,案件承办人对案件事实认定、相关证据、理由以及处理意见,当事人陈述申辩的理由和要求,并将《听证笔录》附在《听证意见书》后备查。

第四十四条 听证意见与按本规定第二十七条提出的案件合议意见一致的,按程序作出行政处罚决定;不一致的,提交领导集体讨论决定。对于事实认定不清,证据不足的,应当重新调查取证。

【条文解读】

本条是关于对听证主持人出具听证意见后如何处理的规定。如果事实认定不清、证据不足等应当采纳的,应重新回到调查取证阶段,并按规定程序继续以后的调查审理。调查结果符合听证程序的,应重新适用听证程序,反之应按原处罚建议作出处罚决定。如果听证过程中因当事人提出了新的证据等原因,且足以改变拟给予的行政处罚,此时需要提交领导集体讨论决定,作为重大、复杂案件来进行办理。需要注意的是,如果没有发现当事人有新的违法行为证据,不能在听证之后对当事人作出较《听证告知书》处罚内容更重的处罚。即便是发现了新的证据,也应该慎重对待,避免给当事人造成因听证而加重处罚的印象。

【实务问题】

药品监督管理部门在听证之后能否再次收集证据?

听证程序不是行政处罚的决定程序,其目的就是要保证当事人的合法权益,进而查明案件事实。如果经过听证,发现当事人提出的理由、依据和相关事实需要进一步调查的,应该允许药品监督管理部门继续调查取证,这也正说明听证发挥了作用。这与行政复议和诉讼过程不一样，因为听证是在作出行政处罚决定前进行的，而复议和诉讼是行政机关认为已经查明事实，行政处罚决定已经生效，通过行政复议机关或人民法院对此予以审查的过程，一般不能允许行政机关重新收集证据。本条"对于事实认定不清，证据不足的，应当重新调查取证"的规定也恰恰说明了这一点。

知识链接

我国行政听证制度的由来与发展

行政听证程序是指行政机关在做出重大的、影响相对人权利义务关系的决定之前，听取当事人陈述、申辩和质证，然后根据双方质证、核实的材料作出行政决定的一种程序。

行政听证程序的目的在于弄清事实、发现真相，给予当事人就重要的事实发表意见的机会。其本质便是公民运用法定权利抵抗行政机关可能的不当行政行为，缩小公民这类"弱势群体"与行政机关之间地位不平等所造成的巨大反差。一般认为，行政听证程序来源于英国法中的"自然公正原则"（natural justice），而美国宪法所确立的"正当法律程序"使其进一步深化。这种程序要求在行政领域内实行通知、听证、当事人理由之申辩三项程序，而听证程序是其核心内容。我国真正产生听证制度，应当以《行政处罚法》颁布为起始。自行政处罚听证制度确立以来，我国各地方分别进行一些价格制定听证，地方立法听证的实践。《行政许可法》和《强制法》确立的听证制度，已使听证制度步入各个领域。

第七节 《简易程序》解读

第四十五条 对于违法事实清楚、证据确凿，依法应当作出下列行政处罚的，可以当场作出行政处罚决定：

（一）警告；

（二）对公民处以 50 元以下罚款；

（三）对法人或者其他组织处以 1000 元以下罚款。

【条文解读】

简易程序又称当场处罚程序，是指对于某些具备特定条件的药品或医疗器械行政违法案件，执法人员可以当场作出处罚决定。简易程序相对于一般程序而言，具有简单、迅速、灵活的优点，无需进行专门的立案、调查取证过程，所以在行政处罚程序中设定简易程序，有利于提高行政执法的效率，节约执法成本，同时有利于保护相对人合法权益。简易程序相对于一般程序，其最主要的特点在于发现违法行为后可以当场给予行政处罚。简易程序只能适用于违法事实清楚、证据确凿、情节简单、处罚轻微的行政违法案件，不能随意扩大简易程序的适用范围。

【实务问题】

（1）需要作出没收违法所得处罚的案件，能否适用简易程序？

不能。简易程序的适用条件，一是违法事实清楚、证据确凿，有法定依据；二是只能适用于警告和小额罚款的处罚。没收药品、没收医疗器械、没收违法所得等属于《行政处罚法》规定的没收非法财物的处罚种类，根据该法和《处罚程序》规定，不能适用简易程序。实践中，有的执法人员采取不没收违法的药品、医疗器械或违法所得，而通过仅仅作出小额罚款的处罚来适用简易程序的做法也是不妥的。

（2）简易程序当场作出处罚决定，是否必须当场收缴罚款？

当场处罚与当场收缴罚款是两个不同的概念。当场处罚程序是执法人员发现符合适用简易程序条件的违法行为时，当场对当事人作出行政处罚决定，适用条件是"违法事实确凿并有法定依据，对公民处以50元以下、对法人或者其他组织处以1000元以下罚款或者警告的行政处罚"。而当场收缴罚款的适用有三种情形：一是当场给予20元以下罚款处罚的；二是当场作出处罚决定后，不当场收缴事后难以执行的；三是在边远、水上、交通不便地区，行政机关及其执法人员依法作出罚款决定后，当事人向指定的银行缴纳罚款确有困难，主动提出当场缴纳罚款的。可见，当场处罚不一定可以当场收缴罚款，必须符合法律规定的条件。

（3）本条规定的50元以下、1000元以下是否包括本数？

由于《行政处罚法》对此未作解释，可参照《民法通则》的规定，"以上、以下、以内包括本数"，故本条规定的50元以下、1000元以下是否包括本数。

第四十六条 药品监督执法人员当场作出行政处罚决定的，应当向当事人出示执法证件，填写预定格式、编有号码并加盖药品监督管理部门公章的《当场行政处罚决定书》（附表31）。

《当场行政处罚决定书》应当载明当事人的违法行为、行政处罚依据（适用的法律、法规、规章名称及条、款、项、目）、具体处罚的内容、时间、地点、不服行政处罚决定申请行政复议或者提起行政诉讼的途径、药品监督管理部门名称。

当事人应当在《当场行政处罚决定书》上签字或者按指纹，并由执法人员签字后当场交付当事人。

当事人拒绝签字或者按指纹的，执法人员应当注明情况。

【条文解读】

虽然当场处罚决定的作出者是在场的药品监督管理部门执法人员，不需要报批程序，但执法人员作出处罚决定并不是以个人名义，执法人员代表的是所在的药品监督管理部门，在性质上属于以药品监督管理部门的名义实施，且由药品监督管理部门承担法律责任的具体行政行为，所以执法主体仍是药品监督管理部门。行政处罚简易程序与一般程序相比，无须经过立案、审批等程序，是一种简化了的行政处罚决定程序，但简易程序并非没有程序。行政执法人员当场作出处罚决定的程序是：主动向当事人出示合法有效的检查证件；告知当事人的违法事实、处罚理由及依据；告知当事人享有陈述权和申辩权，当事人的陈述和申辩成立的，执法人员应当采纳；依法当场作出行政处罚决定，填写预定格式、统一编号的行政处罚决定书并当场交当事人签收；在7个工作日内报药品监督管理部门。

【实务问题】

（1）《当场行政处罚决定书》是否必须当场作出？

　　尽管《行政处罚法》和《处罚程序》均规定"可以"当场作出处罚决定，"可以"不是"必须"，但从实践来看，如果当场发现违法行为后，还是应该当场予以处理，并下达《当场行政处罚决定书》。如果当场调查取证后，到行政机关再作出行政处罚，会增加当事人的负担，增加行政机关执法成本，影响执法效率，违背简易程序的立法初衷。同时，往往不能当场作出处罚的，都是一些需要进一步调查取证或对违法事实有争议的案件，对此种情况不应再使用简易程序。因为没有达到"违法事实清楚、证据确凿"的要求。所以，适用简易程序的，原则上应该当场作出处罚决定，并将《当场行政处罚决定书》当场交付当事人。

　　（2）如何告知当事人享有陈述申辩的权利？

　　《行政处罚法》第三十二条规定："当事人有权进行陈述和申辩。行政机关必须充分听取当事人的意见，对当事人提出的事实、理由和证据，应当进行复核；当事人提出的事实、理由或者证据成立的，行政机关应当采纳。"当场行政处罚时，知当事人仍然享有陈述申辩权。当事人提出的理由、事实依据正当合理的，执法人员应该采纳。但目前的制式《当场行政处罚决定书》中并没有体现这一要求。实践中，可采取口头告知的方式，也可采用书面告知的方式。当事人如果口头申辩的，执法人员应做好记录。有的执法机关采用在《当场行政处罚决定书》中加注了允许当事人陈述、申辩的文字，但此时实际上处罚决定已经作出，陈述申辩权应考虑在作出处罚决定前行使，这种做法有待商榷。工作实践中，执法人员应牢记这一要求，在作出处罚决定前通过口头告知当事人享有陈述申辩权，不能不让当事人"发声"，如果当事人的"想法"能够得到充分表达，就不会就此引发争议，也达到了这一目的。如果当事人对此争议较大，应考虑适用一般程序，进行进一步调查。为谨慎起见，也可在《现场检查笔录中》对回避、陈述申辩告知等内容予以描述。

　　第四十七条　药品监督管理部门适用简易程序作出行政处罚决定的，应当在《当场行政处罚决定书》中书面责令当事人改正或者限期改正违法行为。

　　【条文解读】

　　《行政处罚法》第二十三条规定，行政机关实施行政处罚时，应当责令当事人改正或者限期改正违法行为。本条规定了简易程序也必须责令当事人改正或者限期改正违法行为，而且也要求以"书面"形式。

　　【实务问题】

　　简易程序案件是否需要下达《责令（限期）改正通知书》？

　　一般情况下，不需要单独下达《责令（限期）改正通知书》。因为目前的制式《当场行政处罚决定书》中已经体现了这些内容，只要按照规定要求填写即可。

　　第四十八条　药品监督执法人员当场作出的行政处罚决定，应当在 7 个工作日内报所属药品监督管理部门备案。

　　【条文解读】

　　《行政处罚法》第三十四条第三款规定："执法人员当场作出的行政处罚决定，必须报所属行政机关备案。"但该法未明确备案的具体时限要求。《处罚程序》对此明确为"7个工作日"。

【实务问题】

当场作出的行政处罚决定应向药品监督管理部门的哪个科室备案？

《处罚程序》并未对此作出更细化规定。实践中，可根据本行政机关的规定操作。一般是7个工作日内报分管领导审查后，将《当场行政处罚决定书》存根移交法规科（处）归档保管。但不论如何，不能出现《当场行政处罚决定书》存根在执法人员个人手中长期保存，甚至罚没款也不上缴国库的现象。

知识链接

适用简易程序是否有必要进行调查取证？

调查取证是行政裁决的必经程序。通常认为，调查取证只是普通裁决程序中的必经程序。因为在当场处罚程序中，一般对作出处罚既没有规定要调查取证，也没有要求作出询问笔录，自然不属必经程序。但是实践中，不论是普通程序还是简易程序，只要作出了裁决，都必然有一个调查取证的过程。因为，作出处罚裁决必须有事实根据，为此就必须要调查取证。调查取证是正确作出裁决的基础和前提。有些证据虽然确实难以收集或行政法律没有要求收集，但并不意味着对此不经调查就可以裁决。所以，不论是普通程序还是简易程序，都必须经过调查取证方能正确裁决。当然，在这两种不同的程序中，对调查取证的要求是不同的。在执法过程中，原则上对使用简易程序的案件应该制作《现场检查笔录》，对有必要进行调查询问的，应该考虑进行调查询问，制作《调查笔录》。但相关笔录的制作日期，应和《当场行政处罚决定书》的日期一致。

第八节 《送达》解读

第四十九条 《行政处罚决定书》应当在宣告后当场交付当事人，并出当事人在《送达回执》（附表32）上签字。

当事人不在场的，应当在7日内依照本节规定，将《行政处罚决定书》送达当事人。

《行政处罚决定书》由承办人送达被处罚单位或者个人签收，受送达人在送达回执上注明收到日期并签字或者盖章。签收日期即为送达日期。

送达《行政处罚决定书》应当直接送交受送达人。受送达人是公民的，本人不在时，交同住成年家属签收；受送达人是法人或者其他组织的，应当由法定代表人、其他组织的主要负责人或者该法人、其他组织负责收件的人员签收。

【条文解读】

本条规定了《行政处罚决定书》的直接送达方式。首先要求当场宣读、当场送达，当事人不在场的，要求7日内按照要求优先选择直接送达方式送达，直接送达有困难的，再采用其他送达方式。这里的"7日"应考虑按照《民法通则》第五十四条执行，不是指工作日。本条规定的"同住成年家属"是指与受送达人在送达时经常性地共同在同一居所、院落生活，年满18周岁或者年满16周岁并能以自己的劳动收入独立生活，与当事人有近亲属关系或虽非近亲属，但与当事人有其他紧密关系的家庭人员。还要补充说明的是，并不是所有情况下"同住成年家属"都可签收文书，作为受送达人的相对方或具有利害冲突关系的人，不能作为可签收文书者。

【实务问题】

能否将《行政处罚决定书》送达给当事人委托的律师或其他代理人？

《行政处罚法》第四十条的规定，行政机关应当依照《民事诉讼法》的有关规定，将行政处罚决定书送达当事人。如果受送达人有代理人或指定了代收人的，可送交其代理人或代收人签收。上述有关人员在送达回证上的签收日期为送达日期。在实践中需要注意的是，此时药品监督管理部门应同时查验当事人签署的具有委托接收相关执法文书权限的委托书原件，并留存受托人签字或盖章的复印件，避免在事后引发争议。

第五十条 受送达人或者其同住成年家属拒收《行政处罚决定书》的，送达人应当邀请有关基层组织或者所在单位人员到场并说明情况，在行政处罚决定书送达回执上注明拒收事由和日期，由送达人、见证人签字（盖章），将行政处罚决定书留在被处罚单位或者个人处，即视为送达。

【条文解读】

本条规定了留置送达。留置送达是指受送达人或其同住成年家属拒绝接受送达文书，承担送达任务的执法人员直接将有关法律文书留在被处罚单位或者个人处，邀请有关基层组织或者所在单位的代表到场见证，并在送达回证上注明拒收事由和日期，同时由送达人员、见证人签名或者盖章，有关法律文书视为送达。

【实务问题】

受送达人不在的，能否适用留置送达？

受送达人不在的，一般不能适用留置送达。送达的执法人员不能因为受送达人家里没人就认为应采用留置送达。留置送达的适用条件：一是受送达人或其同住成年家属拒绝签收司法文书，故如果上述主体不在送达现场的，不能留置送达；二是必须有见证人见证，或见证人已知晓送达事宜，该见证人应当是有关基层组织、受送达人所在单位的代表或者类似身份的其他人，故在无相应见证人见证的条件下，不能适用留置送达；三是留置送达的地点限于受送达人的住所或从业场所，而不应是其他场所。实践中没有见证人或见证人不愿签名的，应考虑参照《民事诉讼法》送达方式，通过拍照或摄像进行送达。

第五十一条 直接送达有困难的，可以委托就近的药品监督管理部门代送或者用"双挂号"邮寄送达，邮局回执注明的收件日期即为送达日期。

国务院药品监督管理部门作出的撤销药品、医疗器械批准证明文件的行政处罚，交由被处罚单位所在地的省、自治区、直辖市药品监督管理部门送达。

【条文解读】

本条规定了委托送达和邮寄送达的送达方式，适用于采用直接送达、留置送达有困难的情况。实践中，委托就近的药品监督管理部门代送的方式送达比较可行，当地药品监督管理部门应做好配合。邮寄送达是针对直接送达确有困难的可采用邮寄的方式。比如，当事人居住在边远山区或者外省市，交通不便，往返需要一定的时间和经济费用。在这种情况下可以采用邮寄的方式送达法律文书。根据最高人民法院《关于适用〈中华人民共和国民事诉讼法〉若干问题的意见》（以下简称《意见》）第八十五条的规定，邮寄送达应当附有送达回证；挂号信回执上注明的收件日期与送达回证上注明的收件日期不一致的，或者送达回证没有寄回的，以挂号信回执上注明的收件日期为送达日期。

本条第三款规定了一种特殊的委托送达方式，即便是直接送达没有困难，国务院药品监督管理部门作出的行政处罚决定也要由省级食品药品监督管理部门转送。

【实务问题】

（1）委托送达应该按照如何操作？

在委托机关与受托机关之间的文书传递相对比较灵活，可以通过他人转送、邮寄等方式都是可以的。但需要注意的是，委托机关应出具委托函，载明委托事项的具体内容及需要委托送达的文书名称及数量，附上《行政处罚决定书》和《送达回证》一并交给受托机关。受托机关采用直接送达或留置送达的方式将文书送交受送达人，并将送达回证寄回委托机关。

（2）当事人在监所羁押，如何送达《行政处罚决定书》？

根据《民事诉讼法规定》，受送达人被监禁的，通过其所在监所转交。受送达人被采取强制性教育措施的，通过其所在强制性教育机构转交。

第五十二条 受送达人下落不明，或者依据本规定的其他方式无法送达的，以公告方式送达。

自发出公告之日起，满 60 日，即视为送达。

【条文解读】

本条规定了公告送达的送达方式。公告送达必须具备两个条件，一是当事人下落不明，二是采用其他方式无法送达。本条满 60 日视为送达的规定，依据的是《民事诉讼法》的规定。

【实务问题】

（1）公告送达应以何种方式进行公告？

公告送达可通过报纸等媒体进行公告。刊登公告的报纸应当以有效覆盖当事人的现实居住地或目前所在地为宜。最高人民法院关于适用《中华人民共和国民事诉讼法》若干问题的意见第八十八条规定："公告送达，可以在法院的公告栏、受送达人原住所地张贴公告，也可以在报纸上刊登公告；对公告送达方式有特殊要求的，应按要求的方式进行公告。公告期满，即视为送达。"最高人民法院关于贯彻执行《中华人民共和国民法通则》若干问题的意见（试行）规定，下落不明是指公民离开最后居住地没有音讯的状况。公告送达是推定送达，是为了保护当事人的诉讼权利，根据公平原则而设定的一种法定送达方式，其目的是为了使被送达人参加诉讼，及时行使诉讼权利。公告送达和其他送达方式一样，能产生预期的法律后果，能使被送达人形成诉讼上的权利、义务关系。但公告送达毕竟是一种推定，因此选择合适的公告送达方式，最大限度地把文书实际送达给被送达人，方能确保程序公正。

（2）能否在本行政机关的网站进行公告送达？

由于近年来网络技术发展很快，各级药品监督管理部门都建立了自己的政务网站，当事人在不同地域均可访问。从这个角度上说，通过网站公告的方法不但节约财力，也便于当事人看到。但目前相关法律规定对此方法并未予以明确规定。实践中，可考虑对无证经营的案件或有可能后期调查难以找到当事人的案件，一方面应尽量详细询问并保留当事人的电话等联系方式，必要情况下对当事人的身份证信息进行验真；另一方面可在前期的《调查笔录》等文书中告知当事人，如果不能通过正常途径取得联系，将通过本机关网站某栏目进行公告。这种做法应该是比较可行的做法，其他部门有的已经采用。比如烟草专卖《行政处罚程序规定》规定："烟草专卖行政主管部门可以在其所在地公开发行的报纸上予以公告，也可以在受送达人原住所地或者烟草专卖行政主管部门的公告栏张贴公告。烟草专卖行政主管部门设有向社会公众开放的网站的，可以同时在网站上公告。公告送达的，自公告发布之日起经过 60 日即视为送达。"

知识链接

2012 年修订后的《中华人民共和国民事诉讼法》（摘录）

第八十六条 受送达人或者他的同住成年家属拒绝接收诉讼文书的，送达人可以邀请有关基层组织或者所在单位的代表到场，说明情况，在送达回证上记明拒收事由和日期，由送达人、见证人签名或者盖章，把诉讼文书留在受送达人的住所；也可以把诉讼文书留在受送达人的住所，并采用拍照、录像等方式记录送达过程，即视为送达。

第八十七条 经受送达人同意，人民法院可以采用传真、电子邮件等能够确认其收悉的方式送达诉讼文书，但判决书、裁定书、调解书除外。

采用前款方式送达的，以传真、电子邮件等到达受送达人特定系统的日期为送达日期。

第九十条 受送达人被监禁的，通过其所在监所转交。

受送达人被采取强制性教育措施的，通过其所在强制性教育机构转交。

第九节 《执行与结案》解读

第五十三条 《行政处罚决定书》送达后，当事人应当在处罚决定的期限内予以履行。

当事人确有经济困难，需要延期或者分期缴纳罚款的，经当事人提出书面申请，提交有关证明材料。经案件承办人员合议，符合规定的填写《延（分）期缴纳罚没款审批表》（附表33），并经作出行政处罚决定的药品监督管理部门主管领导批准。主管领导批准后，由当事人填写延（分）期缴纳罚没款保证书，注明延（分）期缴款具体时间和金额，在保证书上签字并加盖公章，可以暂缓或者分期缴纳罚没款。

【条文解读】

行政处罚执行作为处罚程序的最后一个步骤，从执法程序上看，是行政处罚程序完结的标志。一旦行政处罚决定得到全面执行，即从事实上和法律上宣告了行政处罚程序的终结。从执法的目的上看，行政处罚的全面执行，标志着行政处罚目的在具体当事人身上的最终实现。处罚了当事人，就实现了行政处罚惩罚和教育当事人的目的，维护了相应的社会管理秩序。行政处罚的执行方式（没有执行内容的警告除外）大体可以分为以下三种：当事人主动履行；当事人暂缓或分期履行；申请人民法院强制执行。

行政执法的根本目的是纠正违法者的违法行为，维护正常的法律秩序，财产处罚只是达到这个根本目的的一种手段，并不是要让违法者失去基本的生活条件。因此，本条规定，当事人确有经济困难，需要延期或者分期缴纳罚款的，由当事人提出申请并经药品监督管理部门主管领导批准，可以暂缓或者分期缴纳。在这方面，药品监督管理部门应当遵循以下程序：①及时受理当事人提出的缓缴或分期缴纳罚款申请。②执法人员对有关材料的真实性进行审查，必要时进行实地调查。③经案件承办人员合议，符合规定的填写《延（分）期缴纳罚没款审批表》报主管领导。④经药品监督管理部门主管领导审批，决定批准或不予批准。⑤不批准的，口头或书面告知当事人；决定批准的，通知当事人填写延（分）期缴纳罚没款保证书。⑥延缓期内，药品监督管理部门应当责令当事人尽快缴纳罚款，到期没有缴纳的，可以加处罚款并（或）申请人民法院强制执行。

但需要明确的是，当事人缓缴或分期缴纳罚款的申请应当在主动履行期间内提出。超过该期间提出的，药品监督管理部门不予受理。

【实务问题】

（1）延（分）期缴纳罚没款保证书应包括哪些内容？

所谓延期缴纳是指经当事人因经济困难等原因提出，经药品监督管理部门主管领导批准，按照规定程序允许当事人在收到《行政处罚决定书》15日后承诺的日期再缴纳全部罚款。分期缴纳是指按照保证书承诺，分期缴纳罚款。延（分）期缴纳罚没款保证书由当事人填写，目前没有规定制式格式。但按照本条规定，至少要包括延（分）期缴款具体时间和金额。当事人必须按照自己的承诺，履行相关义务。否则药品监督管理部门应该申请人民法院强制执行。需要注意的是，延（分）期缴纳罚款不是可以无限期拖延，药品监督管理部门不应允许当事人变相逃避处罚，从其他部门和不同地方的规定来看，该期限一般不超过1年。本条规定了"在保证书上签字并加盖公章"，如果当事人为个人的，实际上是不存在"公章"一说的，今后立法过程中改成"或"更合适。

（2）对当事人无力缴纳罚款的能否进行减免？

从现有的法律法规来看，无论行政案件是否进入强制执行程序，药品监督管理部门均无权决定减免罚没款。这是由罚没款的国有性质决定的。罚没款是国家资产，药品监督管理部门不得随意处置。否则可能被追究行政责任，甚至刑事责任。

第五十四条 当事人对行政处罚决定不服，申请行政复议或者提起行政诉讼的，行政处罚不停止执行，但行政复议或者行政诉讼期间裁定停止执行的除外。

【条文解读】

《行政处罚法》第四十五条规定："当事人对行政处罚决定不服申请行政复议或者提起行政诉讼的，行政处罚不停止执行，法律另有规定的除外。"根据这一规定，即使在复议和诉讼期间，行政处罚决定也不停止执行，除非有法定例外情形。根据《行政复议法》第二十一条和《行政诉讼法》第四十四条的规定，这些例外情形包括：

1. 在复议期间　①被申请人认为需要停止执行的；②行政复议机关认为需要停止执行的；③申请人申请停止执行，行政复议机关认为其要求合理，决定停止执行的；④法律规定停止执行的。

2. 在诉讼期间　①被告认为需要停止执行的；②原告申请停止执行，人民法院认为该具体行政行为的执行会造成难以弥补的损失，并且停止执行不损害社会公共利益，裁定停止执行的；③法律、法规规定停止执行的。

【实务问题】

当事人提起复议或诉讼期间，能否申请人民法院强制执行？

需要明确的是这里的不停止执行只意味着当事人的主动履行不能停止，而行政处罚决定的强制执行程序应当停止。这是因为，一旦进入复议或诉讼程序，原处罚决定即被复议或诉讼程序约束，其效力有待复议机关或司法机关的最终确定。出于维护社会秩序和行政执法效率的考虑，在没有被复议机关或司法机关否认其效力以前，当事人仍然应当主动履行。但原决定随时有被复议或司法机关改变的可能，因而在一定程度上就失去了强制执行的根据。还有，如果行政执法机关申请强制执行，将使人民法院或复议机关陷入法律和事实双重不能的状态：一方面，当事人要求改变原行政处罚决定；另一方面，行政执法机关申请执行原行政处罚决定，这两种行为在法律程序上不能同步展开，在时间和空间上也无法并行推进。所以，在复议和诉讼期间，行政处罚决定机关不宜自己或申请人民法院强制执行，除非涉及国家利益、公共利益和他人合法权益，以避免造成不可弥补的损失。具体规定可以参考最高人民法院《关于贯彻执行＜中华人民共和国行政诉讼法＞若干问题的意见（试行）》第五十七条、第九十四条的规定。故此，当事人提起行政复议或诉讼的，在复议或诉讼期间，一般不能申请人民法院强制执行。

第五十五条　作出罚款和没收违法所得决定的药品监督管理部门应当与收缴罚没款的机构分离。除按规定当场收缴的罚款外，执法人员不得自行收缴罚没款。

【条文解读】

在罚款和没收违法所得决定的执行上，遵循罚缴分离原则。也即作出罚没决定的机关与收缴罚没款的机构应当相互分离，这是罚款决定执行应当首先遵循的原则。当然，根据《行政处罚法》四十七条和四十八条的规定，允许存在当场收缴的情形除外。

【实务问题】

药品监督管理部门不实行罚款收缴分离承担什么责任？

《违反行政事业性收费和罚没收入收支两条线管理规定行政处分暂行规定》（国务

院令第 281 号）第十一条规定："违反罚款决定与罚款收缴分离的规定收缴罚款的，对直接负责的主管人员和其他直接责任人员给予记大过或者降级处分。"

第五十六条 依据本规定第四十五条当场作出行政处罚决定，有下列情形之一的，执法人员可以当场收缴罚款：

（一）依法给予 20 元以下罚款的；

（二）不当场收缴事后难以执行的。

【条文解读】

本条是对执法人员当场作出行政处罚决定时可以当场收缴罚款的规定，这也是《行政处罚法》第四十七条的规定。执法人员当场作出行政处罚决定后，遇有下列情形之一，执法人员可以当场收缴罚款：①罚款数额是 20 元以下的。这种情况下，由于罚款数额较小，实行当场收缴的制度比较切实可行。②不当场收缴罚款事后将难以执行的。这是对一些流动经营的人员作出的罚款决定。针对这种情况，规定执法人员可以当场收缴罚款。

【实务问题】

当场收缴罚款应当遵循哪些程序？

（1）药品监督管理部门执法人员当场向当事人送达行政处罚决定并由当事人在送达回执上签收确认。

（2）当场收缴当事人缴纳的罚款，同时向当事人出具省级财政部门统一制发的罚款收据。不出具省级财政部门统一制发票据的，当事人有权拒绝缴纳罚款。应当明确的是，财政部门制发的票据显示适用年度的，执法人员应当向当事人出具本年度适用票据，同时确保罚款决定数额、收缴数额和票据显示数额完全一致。

（3）执法人员当场收缴的罚款，应当自收缴罚款之日起 2 日内，缴至所属的药品监督管理部门；在水上等不便情况下当场收缴的罚款，应当自抵岸之日（或方便缴纳之日）起 2 日内交至所属的药品监督管理部门。

（4）药品监督管理部门应当在 2 日内将罚款缴至当地财政部门指定的银行或指定账户。由于当场收缴罚款具有当场性和即时性的特点，必要情况下应当在有关文书和票据上署明具体时间，以充分体现决定作出时间、送达时间和收缴罚款时间的先后次序。

第五十七条 在边远、水上、交通不便地区，药品监督管理部门及执法人员依照本规定作出处罚决定后，当事人向指定的银行缴纳罚款确有困难的，经当事人提出，执法人员可以当场收缴罚款。

【条文解读】

本条是对因当事人要求而当场收缴罚款的规定。在边远、水上、交通不便地区，行政机关及其执法人员依法作出罚款决定后，如果当事人认为由其到指定的银行去缴纳罚款确有实际困难，当事人可以提出当场缴纳罚款，经当事人要求后，行政机关及其执法人员可以当场收缴罚款。未经当事人提出当场缴纳罚款的要求，行政机关及其执法人员不得违反当事人的意愿而当场收缴。

【实务问题】

是否在交通不便地区就可以当场收缴罚款？

不是。在边远、水上、交通不便地区当场收缴罚款必须同时满足以下条件。一是在边远、水上、交通不便地区，如何界定"边远、水上、交通不便"需要执法人员准确把握。二是当事人向指定的银行缴纳罚款确有困难。即便在交通不便地区，如果设立了缴款银行，当事人缴纳罚款不存在困难的，不应该当场收缴。三是必须经当事人提出。这点非常关键，即便是交通不便，当事人缴款困难，但当事人愿意自己缴款的，药品监督管理部门不能责令当事人当场缴纳罚款。所以建议实践中，通过当事人出具书面申请的方式来证明当事人"提出"，更有利于避免由此引发纠纷。

第五十八条 药品监督管理部门及其执法人员当场收缴罚款的，必须向当事人出具省、自治区、直辖市财政部门统一制发的罚款收据。

执法人员当场收缴的罚款，应当自收缴罚款之日起 2 日内交至药品监督管理部门；药品监督管理部门应当在 2 日内将罚款缴付指定的银行。

【条文解读】

本条规定了当场收缴罚款必须出具省级财政部门统一印发的罚款收据，目的是避免出现"打白条"等不规范现象。药品监督管理部门应及时在 2 日内将罚款缴付指定银行。这里的"2 日"应按照《民法通则》有关规定计算。

【实务问题】

不及时将罚款缴付指定的银行承担什么责任？

《违反行政事业性收费和罚没收入收支两条线管理规定行政处分暂行规定》（国务院令第 281 号）第十六条规定："截留、挪用、坐收坐支行政事业性收费、罚没收入的，对直接负责的主管人员和其他直接责任人员给予降级处分；情节严重的，给予撤职或者开除处分。"

第五十九条 当事人在法定期限内不申请行政复议或者提起行政诉讼，又不履行行政处罚决定的，药品监督管理部门可以自期限届满之日起 3 个月内向人民法院申请强制执行。

药品监督管理部门申请人民法院强制执行前应当填写《履行行政处罚决定催告书》（新增附表6），书面催告当事人履行义务，告知履行义务的期限和方式、加处罚款的标准、依法享有的陈述和申辩权利。加处罚款的总数额不超过原罚款数额。对于当事人进行陈述、申辩的，药品监督管理部门应当制作《陈述申辩笔录》（附表19），记录当事人提出的事实、理由和证据，并制作《陈述申辩复核意见书》（新增附表7）。当事人提出的事实、理由或者证据成立的，药品监督管理部门应当采纳。

《履行行政处罚决定催告书》送达 10 日后，当事人仍未履行处罚决定的，药品监督管理部门可以申请人民法院强制执行，并填写《行政处罚强制执行申请书》（附表34）。

【条文解读】

本条所列为《修改决定》对原《处罚程序》修改后的规定。《处罚程序》第五十九条原规定为："当事人逾期不履行行政处罚决定的，药品监督管理部门可以申请人民法院强制执行，并填写《行政处罚强制执行申请书》（附表34）。"根据《强制法》规定，《修改决定》对此进行了修改。事实上，《修改决定》仅根据《强制法》规定增加了催告程序，并补充了相应文书。原《行政处罚法》没有规定催告程序。《强制法》对申请行政强制执行最大的变化在于：一是要求在申请强制执行10个工作日前履行催告程序，而且允许当事人就不能履行行政处罚决定的原因进行陈述申辩；二是改变了原非诉讼复议案件180日申请强制执行的规定，变更为"3个月"；三是规定了申请强制执行不需要缴纳强制执行费；四是规定了行政机关加处罚款不得超过本金。

【实务问题】

（1）如何理解药品监督管理部门可以自"期限届满之日"起3个月内向人民法院申请强制执行？

由于药品监督管理部门本身没有直接的强制执行手段，只能申请人民法院强制执行。因为当事人收到《行政处罚决定书》后，应在15日内缴纳罚款，或在60日内提起行政复议，也可在3个月内提起行政诉讼。即便是提起行政复议的，当事人仍可以提起行政诉讼。所以此处的"期限届满之日"应理解为"超过行政诉讼期限"。如果当事人没有提起行政复议或行政诉讼，又不执行行政处罚决定的，药品监督管理部门应该在当事人收到《行政处罚决定书》后3个月后的3个月期限内申请人民法院强制执行，期间还要履行催告程序。过期人民法院不会再受理强制执行，如果当事人不主动履行处罚决定，药品监督管理部门就丧失了申请行政处罚强制执行的权利。

如果当事人提起行政复议的，应根据行政复议结果而定，但目前相关法律法规并没有明确规定。笔者认为，此时如果行政复议机关维持了原处罚决定，且当事人未在收到复议决定书之日起15日提起诉讼，从届满的次日起3个月内申请人民法院强制执行。如果行政复议机关撤销了处罚决定，则不需要对原处罚决定申请强制执行。行政复议机关直接确认处罚决定违法的，就不存在申请强制执行问题了。如果当事人直接提起行政诉讼或先复议后诉讼的，行政机关申请执行裁决文书的期限是自文书生效之日3个月内。

（2）行政机关向人民法院申请强制执行，应当提供哪些材料？

根据《强制法》规定应当提供下列材料：强制执行申请书；行政决定书及作出决定的事实、理由和依据；当事人的意见及行政机关催告情况；申请强制执行标的情况；法律、行政法规规定的其他材料。

（3）人民法院是否要对行政机关申请强制执行的材料进行审查？

《强制法》规定："人民法院对行政机关强制执行的申请进行书面审查，对符合本法第五十五条规定，且行政决定具备法定执行效力的，除本法第五十八条规定的情形外，人民法院应当自受理之日起7日内作出执行裁定。人民法院发现有下列情形之一的，在作出裁定前可以听取被执行人和行政机关的意见：（一）明显缺乏事实根据的；（二）明显缺乏法律、法规依据的；（三）其他明显违法并损害被执行人合法权益的。"人民法院应当自受理之日起30日内作出是否执行的裁定。裁定不予执行的，应当说明理由，并在5日内将不予执行的裁定送达行政机关。因情况紧急，为保障公共安全，行政机关可以申请人民法院立即执行。经人民法院院长批准，人民法院应当自作出执行裁定之日起 5 日内执行。

第六十条 行政处罚决定履行或者执行后，承办人应当填写《行政处罚结案报告》（附表 35），将有关案件材料进行整理装订，归档保存。

【条文解读】

本条规定了在"行政处罚决定履行或者执行后"予以结案。由于《处罚程序》并未对结案条件作出具体规定。实践中，参照质量技术监督等部门的规定，可考虑下列情形之一的予以结案：行政处罚决定执行完毕的；经人民法院判决或者裁定后，执行完毕的；不予行政处罚的；案件移送有管辖权部门或者司法机关的；决定终止调查的；决定终止行政处罚决定执行的。因自然人死亡或者法人、其他组织终止，并且无权利义务承受人等原因，致使行政处罚决定无法继续执行的，经药品监督管理部门主要负责人批准，可以终止行政处罚决定的执行。

【实务问题】

（1）药品监督行政处罚案件对结案时间有无具体规定？

《行政处罚法》和《处罚程序》均未对药品监督行政处罚案件从立案到结案的时限作出具体规定。但执法人员应尽量加快办案效率，不能使案件久拖不决。特别是对采取了行政强制措施的案件，必须符合《强制法》的要求，避免由此引发败诉。在其他行政执法部门，目前的规定也不太一样。比如《质量技术监督行政处罚程序规定》规定："质量技术监督部门办理行政处罚案件，应当自立案之日起 3 个月内作出处理决定。因案情复杂不能按期作出处理决定的，经质量技术监督部门主要负责人批准，可以延长 30 日。案情特别复杂，经延期仍不能作出处理决定的，应当报请上一级质量技术监督部门批准，适当延长办案期限。案件办理过程中听证、公告、检验、检测、检定或者鉴定以及发生行政复议或者行政诉讼的，所需时间不计入前款规定期限。"《商务行政处罚程序规定》规定："适用一般程序处理的案件，应当自立案之日起 90 日内作出处理决定，并将处理结果及时告知被调查人、指定管辖的上级商务主管部门、具名举报投诉人或移送机关。案情复杂，不能在规定期限内作出处理决定的，经商务主管部门负责人批准，可以适当延长。案件处理过程中听证、公告、鉴定等时间不计入案件办理期限。"《工商行政管理机关行政处罚程序规定》规定："适用一般程序处理的案件应当自立案之日起 90 日内作出处理决定；案情复杂，不能在规定期限内作出处理决定的，经工商行政管理机关负责人批准，可以延长 30 日；案情特别复杂，经延期仍不能作出处理决定的，应当由工商行政管理机关有关会议集体讨论决定是否继续延期。案件处理过程中听证、公告和鉴定等时间不计入前款所指的案件办理期限。"实践中，建议药品监督行政处罚案件作出处罚决定的期限不宜超过 3 个月。

（2）是否需要对行政处罚决定进行公开？

尽管《处罚程序》并没有规定行政处罚结果必须公开，但按照《政府信息公开条例》的规定，行政处罚结果属于公开的事项。在商务等部门的处罚程序中已经作出了这一明确规定。比如《商务行政处罚程序规定》规定："结案后，应及时将行政处罚决定书在商务主管部门网站上公布，供公众查询。涉及国家秘密、商业秘密和个人隐私的除外。"实践中，部分省市已经开始着手通过网站等形式公开行政处罚结果，这既是行政法规的要求，也是今后政府部门信息公开发必然努力方向。

知识链接

浙江省高级人民法院行政审判庭"关于行政机关同意被处罚人暂缓缴纳罚款后强制执行申请期限起算问题的请示"答复

台州中院行政审判庭：

《关于行政机关同意被处罚人暂缓缴纳罚款后强制执行申请期限起算问题的请示》收悉。经研究并商我院立案庭，答复如下：

《最高人民法院关于执行〈中华人民共和国行政诉讼法〉若干问题的解释》第八十八条的规定，其本意既是保障行政相对人对被申请的具体行政行为的合理救济期限（即行政机关只能在起诉期限届满后提出申请），又要求行政机关应当在可以向法院申请强制执行之日起的合理期限内提出申请（180日）。行政机关根据《中华人民共和国行政处罚法》第五十二条规定，批准被处罚人暂缓缴纳罚款的，表明行政机关已依法变更了原行政处罚行为的履行期限，行政机关只能在该履行期限届满后，行政相对人仍不自动履行的，才能向法院申请强制执行。故在行政机关依照《中华人民共和国行政处罚法》第五十二条的规定，批准行政处罚相对人暂缓或者分期缴纳罚款的履行期限超过起诉期限的，行政相对人在该期限内不自动履行的，行政机关可在履行期限届满之日起180日内，向人民法院申请强制执行，人民法院不应以申请逾期为由不予受理。同意你庭的倾向性意见。

（编者注：履行期限届满之日起"180日"内，《强制法》已经调整为"3个月"）

第十节 《附则》解读

第六十一条 药品监督管理部门及其执法人员违反本规定实施行政处罚的，依照《中华人民共和国行政处罚法》、《中华人民共和国药品管理法》、《中华人民共和国药品管理法实施条例》、《医疗器械监督管理条例》的有关规定，追究法律责任。

【条文解读】

本条规定了药品监督管理部门及其执法人员违反规定实施行政处罚的法律责任。《行政处罚法》第五十五条至第六十二条、《药品管理法》第八十七条和第九十四条至第九十九条、《药品管理法实施条例》第七十二条、《医疗器械监督管理条例》第四十五条和第四十六条，对此均作出了规定。

第六十二条 药品监督行政执法文书由各地按本规定附表的示范格式自行印制。

【条文解读】

本条规定了药品监督行政执法文书由各地自行印制，国家食品药品监督管理局没有进行要求统一印制执法文书。

第六十三条　本规定所称药品监督管理部门，是指依法享有行政处罚权的药品监督管理局、分局。

【条文解读】

本条对本规定中"药品监督管理部门"的范围作出了界定，包括了药品监督管理局，也包括各地的分局。

第六十四条　本规定自2003年7月1日起施行。本规定自施行之日起，国家药品监督管理局1999年8月1日颁布实施的《药品监督行政处罚程序》（国家药品监督管理局第8号令）废止。

【条文解读】

本条规定了《处罚程序》的具体实施时间。在卫生部2012年颁布实施《修改决定》后，已经在此基础上进行了补充和修改。

思考题

1. 你所在省的听证标准是如何规定的？

2.《行政处罚法》规定，行政处罚决定书应当在宣告后当场交付当事人；当事人不在场的，行政机关应当在7日内依照民事诉讼法的有关规定，将行政处罚决定书送达当事人。民事诉讼法对送达是如何规定的？

第三章

医疗器械行政处罚文书

掌握各种医疗器械行政处罚文书的概念、法律依据和适用范围。

掌握各种医疗器械行政处罚文书的制作要求和应当注意的事项。

目前，药品监督管理部门实施医疗器械监督和实施药品监督使用的是同一种执法文书。其样式来源于卫生部88号令新修订的《药品监督行政处罚程序规定》。在对原药品（医疗器械）执法文书进行了修改和补充后，共计43种。本章分别依序列出每种文书的概念、依据，并以范例，对其制作要求进行说明，对使用中应当注意的事项进行阐述，以求实现在医疗器械监管执法实践中能够正确熟练运用执法文书的目的。

第一节　管辖和立案文书

一、案件移送审批表

（一）适用范围

《案件移送审批表》依据《行政处罚法》第二十条、第二十一条、第二十二条、《药品监督行政处罚程序规定》第八条第一款、第十条第二款制作，是发现受理的案件不属于本行政机关管辖时，呈请主管领导批准移送的内部填写文书。

（二）范例及制作说明

1. 范例

中华人民共和国药品监督行政执法文书

案件移送审批表

（滨）械案移审 ［2012］8 号 ①

案由： 涉嫌未取得《医疗器械经营企业许可证》经营医疗器械案 ②

案件来源： 举报③

当事人： 章三④ 法定代表人（负责人）： ⑤

地址： 滨海县大石街道建设路家和小区 12 号 ⑥ 联系方式： 130000009632⑦

受移送机关： 滨海县公安局 ⑧

主要案情及移送理由：本市市民章三于 2011 年 9 月起，从河西省龙家医疗器械有限公司购入一次性输液器和一次性注射器共计，68906 元，并在本市家和小区内租用民房作为仓库，用于销售给农村诊所。经他人举报，至案发时已经销售 56788 元，获取违法所得 6306 元。因其非法经营额在 50000 元以上，根据最高人民检察院、公安部《关于经济犯罪案件追诉标准的规定》第七十条第五款的规定，对章三应按照《刑法》第二百二十五条的规定追究刑事责任。根据《中华人民共和国行政处罚法》第二十二条、《行政执法机关移送涉嫌犯罪案件的规定》第三条、《药品监督行政处罚程序规定》第八条第一款之规定，建议将该案移送给滨海县公安局处理。⑨

经办人： 肖鸣、闵磊

2012 年 3 月 30 日

审批意见：同意移送。⑩

主管领导： 龚才勤

2012 年 3 月 31 日

2. 制作说明 ①文书编号：地区简称＋执法类别＋填写年份＋顺序号。如：（滨）械案移审 ［2012］8 号。"滨"代表滨海县食品药品监督管理局，"械"代表医疗器械类案件，"案移审"代表案件移送审批，"2012"代表 2012 年，"8"代表案件移送审批文书排序第 8。②应当按照《医疗器械监督管理条例》等法规的"罚则"及国家食品药品监督管理局行政规章中的规范用语填写。书写形式为：涉嫌＋具体违法行为＋案。③填写监督检查或举报投诉或检验机构检验或上级药品监管部门交办或下级药品监管部门报请查处或其他行政机关或其他药品监管部门移送、其他方式、途径披露等。④填写法人、其他组织全称或公民姓名。⑤法人选择填写法定代表人姓名，其他组织选择填写负责人姓名，公民将此栏杠去。⑥法人或者其他组织填写单位地址，公民填写家庭住址，个体工商户填写经营地址。⑦填写固定电话或者移动电话号码或者电子邮箱等。⑧填写具有管辖权的药品监督管理部门、其他行政机关或司法机关。⑨简述主要案情及移送理由，最后由经办人签字并填写时间。⑩由主管领导签署意见并填写时间。

（三）注意事项

（1）文书编号中的年份不能简写，如 2012 不能简写为 12。

（2）在立案、调查取证阶段，案由应当加"涉嫌"二字，自作出行政处罚决定时，不再用"涉嫌"二字。

（3）法定代表人或负责人、住所（地址）以营业执照登记或事业单位登记或医疗机构执业登记为准。公民地址填写户籍登记地址，户籍所在地地址与经常居住地地址不一致的，填写经常居住地地址。

（4）经办人签字不得少于2名执法人员。

（5）涉嫌犯罪案件移送应当由正职负责人或主持工作的副职签字，非主持工作的副职不得审批。

二、案件移送书

（一）适用范围

《案件移送书》依据《行政处罚法》第二十条、第二十一条、《药品监督行政处罚程序规定》第八条第一款制作，是将案件移送有管辖权的部门时填写的文书。

（二）范例及制作说明

1. 范例

中华人民共和国药品监督行政执法文书

案 件 移 送 书

（滨）械案移送［2012］8号①

河东县食品药品监督管理局②：

章三涉嫌未取得《医疗器械经营企业许可证》经营医疗器械③

————一案，经初步调查，本案不属于本部门管辖 ④，根据《中华人民共和国行政处罚法》的规定，现移送你单位处理。案件处理结果请函告我局。

附件：案情简介及有关材料　　5　　件。

案情简介：根据群众举报，滨海县食品药品监督管理局执法人员在某村诊所内检查时发现一次性输液器、一次性注射器等医疗器械销售账本一本，以及销售清单78张。据章三交待，其用于销售的产品系从河西省某医疗器械公司购进，全部用于销售给附近的河东县农村诊所，未在滨海县境内销售，其仓库设在河东县城某民房内。该诊所负责人章三其行为涉嫌未取得《医疗器械经营企业许可证》经营医疗器械。⑤

有关材料：

1. 诊所《现场检查笔录》1份；

2. 章三《调查笔录》1份；

3. 销售账本复印件1本；

4. 销售清单复印件78张。

滨海县食品药品监督管理局（公章）

二〇一二年三月八日

注：本文书一式三联。第一联存档，第二联交被移送单位，第三联备查。

---

2. 制作说明　①填写文书编号：地区简称＋执法类别＋填写年份＋顺序号；②填写本文书的接收部门：具有管辖权的药品监督管理部门、其他行政机关或司法机关；③填写形式为：涉嫌＋具体违法行为＋案；④填写移送理由：本案不属于本部门主管、管辖或属于本部门管辖但还涉及其他部门须追究相关责任；⑤简述案情和有关材料目录。

（三）注意事项

（1）移送涉嫌犯罪的案件不应使用此文书，应当使用《涉嫌犯罪案件移送书》。

（2）使用本文书前应当填写《案件移送审批表》，相关内容应当与审批的内容相一致。

（3）依据《药品监督行政处罚程序规定》第八条第二款的规定，受移送的药品监督管理部门如果认为移送不当，应当报请共同的上一级药品监督管理部门指定管辖，不得再次移送。

（4）本文书应当与《送达回执》配套使用。

三、涉嫌犯罪案件移送书

（一）适用范围

《涉嫌犯罪案件移送书》依据《行政处罚法》第二十二条、国务院《行政执法机关移送涉嫌犯罪案件的规定》第三条、第六条第（一）项、《药品监督行政处罚程序规定》第十条制作，系药品监督管理部门向公安机关移送涉嫌犯罪案件时所使用的文书。

（二）范例及制作说明

1. 范例

中华人民共和国药品监督行政执法文书

涉嫌犯罪案件移送书

（滨）械涉刑移送［2012］8号①

　　滨海县　公安局：

　　　章三②　　涉嫌　　未取得《医疗器械经营企业许可证》经营医疗器械　　③　　一案，经初步调查，当事人涉嫌构成犯罪，根据《行政执法机关移送涉嫌犯罪案件的规定》第二条、《关于在行政执法中及时移送涉嫌犯罪案件的意见》第一条、《刑法》第　　二百二十五　　④条的规定，现移送你单位依法查处。

　　根据《行政执法机关移送涉嫌犯罪案件的规定》第八条的规定，你单位如认为当事人没有犯罪事实，或者犯罪事实显著轻微，不需要追究刑事责任，依法不予立案的，请说明理由，并书面通知我局，相应退回案卷材料。

　　根据《行政执法机关移送涉嫌犯罪案件的规定》第十二条的规定，我局将在接到你局立案通知书之日起3个工作日内将涉案物品及与案件有关的其他材料移交你局。

滨海县食品药品监督管理局（公章）

二〇一二年四月二日

附件：

签收回执

____滨械涉刑移送［2012］8____号《涉嫌犯罪案件移送书》已于____2012____年____4____月__

__2__日收悉。

（公章）

____2012____年____4____月__2__日

注：本文书一式四份。第一份由公安机关签收后留存；第二份由公安机关签收后由药品监督管理部门存档；第三份抄送公安机关的同级人民检察院，由人民检察院签收后留存；第四份由人民检察院签收后，药品监督管理部门存档。

2. 制作说明 ①文书编号：地区简称＋执法类别＋年份＋顺序号；②填写当事人名称；③填写医疗器械违法案由；④填写涉嫌犯罪罪名所依据的《刑法》分则条款。

（三）注意事项

（1）涉嫌犯罪有多名嫌疑人的，应按其在所涉嫌犯罪中作用大小的顺序排列。单位涉嫌犯罪的，单位名称应为其法定名称。

（2）使用前应当填写《案件移送审批表》，并内容与其保持一致。

（3）涉嫌犯罪的罪名应当以最高法院、最高检察院公布的罪名为准。

四、查封（扣押）物品移交通知书

（一）适用范围

《查封（扣押）物品移交通知书》依据《行政强制法》第二十一条、国务院《行政执法机关移送涉嫌犯罪案件的规定》第六条第（三）项制作，系药品监督管理部门向公安机关移送涉嫌犯罪案件时移交查封、扣押物品通知当事人所使用的文书。

（二）范例及制作说明

1. 范例

中华人民共和国药品监督行政执法文书

查封（扣押）物品移交通知书

（滨）查扣移通［2012］8 号①

____章三②____：

因你~~（单位）~~违法行为涉嫌犯罪，根据《中华人民共和国行政强制法》第二十一条规定，我局决定对查封（扣押）的你~~（单位）~~的有关物品（见（滨）械查扣决［2012］8 号《查封扣押物品清单》）移交给____滨海县____公安局。

滨海县食品药品监督管理局（公章）

二〇一二年四月十八日

本通知书已于 __2012__ 年 __4__ 月 __18__ 日 __15__ 时 __26__ 分收到。

接收人签字： __章三__

执法人员签字： __肖鸣__ 、 __闵磊__

注：本文书一式二联，第一联由药品监督管理部门存档，第二联交当事人。

2. 制作说明 ①文书编号：地区简称＋执法类别＋填写年份＋顺序；②填写法人、其他组织全称或公民姓名。

（三）注意事项

公安机关决定立案的，应当在接到立案通知书3个工作日内将查封、扣押物品移交给立案的公安机关。

五、举报登记表

（一）适用范围

《举报登记表》依据《药品监督行政处罚程序规定》第十三条制作，是执法人员接到电话、信函、来人等各种渠道的举报所作的文字记录文书。

（二）范例及制作说明

1. 范例

中华人民共和国药品监督行政执法文书

举 报 登 记 表

（滨）械举登［2012］8 号①

举报人： __黄一__②	联系方式： __13000000033__③
举报形式： __来访举报__④	时 间： __2012 年 3 月 8 日__⑤

举报内容：

反映其家和小区经常有货车出入，并深夜搬运一次性输液器、注射器，怀疑是地下窝点。⑥

记录人： __陈蓉__ ⑦

2012 年 3 月 8 日

处理意见：

建议组织执法人员调查核实。⑧

负责人： __程朋__ ⑨

2012 年 3 月 8 日

2. 制作说明 ①填写文书编号：地区简称＋执法类别＋填写年份＋顺序号；②填写举报人自述单位名称或姓名，匿名举报的，填写为匿名；③填写固定电话、移动电话号码或者电子邮箱等；④填写电话、信函（包括电子邮件）或来人等形式；⑤填写受理时间，一般至少应具体到时；⑥应当写明主要违法事实，包括案发单位（人）、负责人、案发时间、案发地点、重要证据、造成的危害、后果及其影响；⑦由受理工作人员签字；⑧填写办理意见；⑨由处（科）负责人签字。

（三）注意事项

（1）举报人不愿意留下姓名或要求保密以及声明举报材料的可靠程度等内容，应在举报内容栏反映出来。承办人员既要注意为举报人保密，也要警惕恶意举报，并向其说明恶意举报的法律责任。

（2）案情复杂，可要求举报人提交书面举报材料。

（3）此文书由专人保管，为举报人保密。

（4）来信（包括信封）、来电录音以及举报的证据材料应作为此文书的附件一并保存。

六、立案申请表

（一）适用范围

《立案申请表》依据《行政处罚法》第三十六条、《药品监督行政处罚程序规定》第十四条制作，是呈请主管领导决定是否立案的内部文书。

（二）范例及制作说明

1. 范例

中华人民共和国药品监督行政执法文书

立 案 申 请 表

（滨）械立申［2012］8 号①

案由： 涉嫌使用未经注册的医疗器械案②

当事人： 滨海县中山医院③　　　　法定代表人（负责人）： 章三④

地址： 滨海县建设路88 号 ⑤　　　　联系方式： 0123－－3333333⑥

案件来源： 举报投诉⑦

案情摘要：

张一于2012 年3 月31 日上午来我局举报称，其父于2012 年2 月26 日到滨海县中山医院进行骨科植入手术，术后植入部位出现溃烂，怀疑植入的钢板质量有问题，遂向我局投诉，要求调查，并提交了病历等相关材料。当日下午，我局遂派执法人员到滨海县中山医院进行核查，该医院不能提供该植入医疗器械的合法购进票据以及产品注册证书。⑧

经初步审查，当事人的行为涉嫌违反了《医疗器械监督管理条例》第二十六条第三款⑨的规定，申请予以立案。

经办人：<u>肖鸣　闵磊</u>　⑩

2012 年 4 月 2 日

审批意见：<u>　同意立案　</u>，本案自<u>　2012　</u>年<u>　4　</u>月<u>　2　</u>日起立案，由<u>　肖鸣　</u>、<u>　闵磊</u>__、<u>　　　　</u>承办。

主管领导：<u>　李林　</u>

2012 年 4 月 2 日

2. 制作说明　①填写文书编号：地区简称＋执法类别＋填写年份＋顺序号；②填写形式为：涉嫌＋具体违法行为＋案；③填写法人或者其他组织全称或者公民姓名；④法人选择填写法定代表人，其他组织选择填写负责人，公民则将此栏杠去；⑤法人或者其他组织填写单位地址，公民填写家庭地址；⑥填写固定电话、移动电话号码或者电子邮箱等；⑦填写监督检查、举报投诉、检验机构检验、上级药品监管部门交办、下级药品监管部门报请查处、其他行政机关或其他药品监管部门移送、其他方式、途径披露等；⑧写明通过举报、投诉、监督检查或者抽查检验等已初步掌握的违法事实情节及相应的证据材料，由案件受理人员填写；⑨填写违反的法律、法规或规章的条、款、项目；⑩由案件受理人员签字并经由处（科）负责人复核签字。

（三）注意事项

（1）经办人签字不得少于 2 名执法人员。

（2）药品监督管理部门发现违法行为符合下列条件的，应当在 7 个工作日内立案：①有明确的违法嫌疑人；②有客观的违法事实；③属于药品监督管理行政处罚的范围；④属于本部门管辖。

第二节　调查取证文书

一、调查笔录

（一）适用范围

《调查笔录》依据《行政处罚法》第三十六条、《药品监督行政处罚程序规定》第十八条制作，是在进行案件调查时依法向案件当事人、直接责任人或者知情人调查了解有关情况时所制作的一般采用问答式的文字笔录文书。

（二）范例及制作说明

1. 范例

中华人民共和国药品监督行政执法文书

调 查 笔 录

第 1 页 共 3 页

案由：　　涉嫌使用未经注册的医疗器械案①

调查地点：　滨海县食品药品监督管理局稽查科 ②　被调查人：　章三③　性别：　男　职务：　院长

被调查人工作单位：　滨海县中山医院　　④　　　被调查人联系方式　13200000000　⑤

被调查人地址：　滨海县梅园大道 89 号院里小区 13 栋 3 单元 1106 室⑥

调查人：　肖鸣　、　闵磊　记录人：　陈蓉　监督检查类别：　医疗器械使用　　⑦

调查时间：　2012　年　4　月　6　日　9　时　30　分至　10　时　26　分

我们是　滨海县食品药品监督管理局　的执法人员　肖鸣、闵磊

执法证件名称、编号是：　《河西省行政执法证》，河 D123456、河 D2345678

我们依法向你调查　你单位涉嫌使用未经注册的医疗器械　有关问题，请予配合。

调查记录：

　　问：执法证件你看清了没有？

　　答：看清楚了。

　　问：依照法律规定，对于调查人员，有下列情形之一的，必须回避，你也有权申请调查人员回避：①系当事人或当事人的近亲属；②与本人或本人近亲属有利害关系；③与当事人有其他关系，可能影响公正执法的。你是否申请调查人员回避？

　　答：不申请回避。

　　问：请问你个人的基本情况？

　　答：我叫章三，是滨海县中山医院的院长兼法人代表，现年 45 岁。

　　问：……

　　……

以上笔录看过，与我说的一样。

注：被调查人在检查笔录上逐页签字，在修改处签字或者按指纹，并在笔录终了处注明对笔录真实性的意见；调查人应在笔录终了处签字。

被调查人签字：　　章三　　2012 年 4 月 6 日

2. 制作说明　①应当按照《医疗器械监督管理条例》等法规的"罚则"及国家食品药品监督管理局行政规章中的规范用语填写。书写形式为：涉嫌＋具体违法行为＋案；②可以是执法检查现场或当事人所在地或行政机关办公场所；③应当填写其在公

安机关户籍登记时的法定姓名，有别名的可注明，可核对其有效身份证件；④填写工作单位全称；⑤填写固定电话、移动电话号码或者电子邮箱地址等；⑥填写家庭地址；⑦应当准确注明是医疗器械生产、经营或使用的检查。

（三）注意事项

（1）有调查起止的时间、地点，起止时间应记录精确到分。笔录必须当场制作，不得事后追记和补缺。

（2）有被调查人的基本情况。首次调查时，应当问明被调查人的姓名、性别、出生日期、民族、籍贯、学历、工作单位、职务、身份证号码等基本情况；必要时，还应当问明以前是否因医疗器械违法受过行政处罚等情况。

（3）有调查人、记录人基本情况。应写明姓名及其工作单位。

（4）有向当事人出示证件、表明身份的记录，有告知当事人享有申请回避的权利的记载。建议将回避权利告知增加为固定格式。

（5）有调查内容。第一次调查当事人时，首先要询问被调查人或者其所在单位有无违法行为，然后向其提出问题。调查笔录应全面、客观、准确、详略得当。"全面"是要求调查围绕案件事实的时间、地点、人员、情节、手段、前因后果、涉案医疗器械生产、销售或使用的来龙去脉、购销价格、财物去向等展开，避免疏漏。应当如实记录调查人员使用证据揭露被调查人的谎言和狡辩，打开缺口，最终促使其如实陈述的过程，从而可从笔录中了解被调查人在调查中的态度和思想变化的过程。如被调查人不回答或者拒绝回答的，应当写明被调查人的态度，如"不回答"或者"沉默"等，并用括号标记，必要时可把被调查人拒绝回答的神态、表情、动作等反应在记录上，如低头、叹气、哭泣、摇头、冷笑、抓头发、捶胸等；"客观"是要求对被调查人陈述的记录应一是一、二是二，不添枝加叶，被调查人陈述不清楚的地方，可以补充提问，不得随意猜测；"准确"是要求记录应如实反映被调查人陈述的内容，关键情节的描述和用语。记录应当使用被调查人的原话，不能随意将其陈述的内容进行分析综合整理加工；"详略得当"是要求记笔录不可有言必录，应详细记录对案件的重要事实和关键性问题，对被调查人重复的话，可适当省略。

（6）有被调查人对笔录的审阅确认意见及逐页签字和日期，调查人、记录人在笔录终了处签字并注明日期。调查笔录应当交被调查人核对，对没有阅读能力的，应当向其宣读。如记录有误或者遗漏，应当允许被调查人更正或者补充，并由被调查人在所有涂改的地方按指印。被调查人核对无误后在调查笔录终了处注明"以上笔录看过，与我说的一样"的字样，逐页签字或按指印、注明日期，并在页码处按指印。

（7）每份《调查笔录》只能对应一个被调查人。对多个被调查人进行调查时，应分别进行，并注意防止他们串供。必要时，可以对被调查对象进行多次调查，每一次调查都应当分别制作调查笔录，并注明调查的次数和顺序数。

（8）调查不满16周岁的未成年人时，应当通知其父母或者其他监护人到场，其父母或者其他监护人不能到场的，可以通知其教师到场。确实无法通知或者通知后未到场的，应当在调查笔录中注明。调查聋哑人，应当有通晓手语的人参加，并在调查笔录中注明被调查人的聋哑情况以及翻译人的姓名、住址、工作单位和联系方式。对不通晓当地通用的语言文字的被询问人，应当为其配备翻译人员，并在调查笔录中注明翻译人的姓名、住址、工作单位和联系方式。

（9）调查不得采用利诱、欺诈、胁迫、暴力等不正当手段，迫使当事人按照调查人员事先虚构、设想的事实进行问答。

（10）制作笔录时，书写字迹要端正，保证被调查人、其他人员可以正常阅读。调查笔录的字与字之间应连接紧密，不能留有可容纳一字以上空白，句子前后要顶格但不能超格，不能随意空行，以避添字、去字的嫌疑。

二、现场检查笔录

（一）适用范围

《现场检查笔录》依据《行政处罚法》第三十六条、《药品监督行政处罚程序规定》第十九条制作，是执法人员对涉嫌违法活动的现场及相关证物进行实地检查，或者对医疗器械生产、经营及使用单位（人）进行日常监督检查时所作的文字记录文书。

（二）范例及制作说明

1. 范例

中华人民共和国药品监督行政执法文书

现场检查笔录

第 1 页共 1 页

被检查单位（大）：　滨海县中山医院 ①

检查现场：　滨海县中山医院医疗器械库房②

法定代表人（负责人）：　章三 ③　联系方式：　13200000000④

检查人：　肖鸣、闵磊　记录人：　陈蓉　监督检查类别：　医疗器械使用⑤

检查时间：　2012 年　3 月　31 日　15 时　26 分至　17 时　11 分

我们是　滨海县食品药品监督管理局　的执法人员　肖鸣　、　闵磊

执法证件名称、编号是：　《河西省行政执法证》，河 D123456 、河 D234567

我们依法就　你单位涉嫌使用未经注册的医疗器械　有关问题，进行现场检查，请予配合。

问：执法证件你看清楚没有？⑥

答：看清楚了。

依照法律规定，对于检查人员，有下列情形之一的，必须回避，你也有权申请检查人员回避：（1）系当事人或当事人的近亲属；（2）与本人或本人近亲属有利害关系；（3）与当事人有其他关系，可能影响公正执法的。

问：你是否申请检查人员回避？

答：不申请回避。

现场检查记录：

1. 医院提供该单位《医疗机构执业许可证》、《企业法人营业执照》副本复印件各 1 份。

2. 在医院库房内发现有骨科植入医疗器械股骨加压钢板一套（规格：20mm，批号：2040917，

生产厂家：河西大大医疗器械有限公司）。

3. 医院当场无法提供部分医疗器械的合法购进凭证、注册证书、合格证明。

4. 现场拍摄照片2张，并对库房内的医疗器械实物进行了录像。

5. 医院院长章三及医疗器械科长黄生在场陪同检查，检查后现场设施和财物保持完好无损。

6. 执法人员依法对滨海县中山医院当场不能提供合法购进凭证、注册证书、合格证明的医疗器械实施了扣押的行政强制措施。（具体品种、数量详见《扣押物品清单》。）

以上笔录与现场检查情况一致。（被检查人注明）

检查人：肖鸣、闵磊

记录人：陈蓉

2012 年 3 月 31 日

注：本文书一式二联，第一联存档，第二联交被检查单位。被检查人在检查笔录上逐页签字，在修改处签字或者按指纹，并在笔录终了处注明对笔录真实性的意见；检查人应在笔录终了处签字。

被检查人：章三（被检查人签名）2012 年 3 月 31 日

2. 制作说明 ①填写法人或者其他组织全称或者公民姓名；②应写清楚检查的具体部位；③法人选择填写法定代表人姓名，其他组织选择填写负责人姓名，公民则将此栏杠去。法定代表人或负责人以营业执照、事业单位或医疗机构执业登记的为准；④填写固定电话、移动电话号码或者电子邮箱地址等；⑤应当准确注明是医疗器械生产、经营或使用的检查；⑥建议按照《行政处罚法》将当事人申请回避权告知作为固定格式，以充分保障当事人权利。

（三）注意事项

（1）准确记载现场检查的时间和地点，时间应精确到分。

（2）正确填写被检查人、当时在场的现场负责人和行政执法机关的检查人、记录人等的基本情况；有其他见证人在场的，还应填写见证人的基本情况。

（3）依法进行现场检查，应由2名以上持合法有效行政执法证件的行政执法人员进行。执法人员应向被检查人出示证件、表明身份，并记录在案。

（4）应当有序、客观、全面、准确地记录现场检查的过程、内容、范围、方式，包括有关设施物品名称、数量、位置、状态、完好程度等。

"有序"是要求记录记载检查情况的顺序应与检查的顺序一致，避免错记或漏记。

"客观"是要求记录应如实记载在现场观察到的原始状态，具有现场感。检查人员的分析、判断、推理等不得记入笔录。

"全面"是要求记录应全面反映对案件调查有用的情况和关键细节，重点记录现场检查中发现的违法事实的各项要素。属生产经营场所的，根据需要可以制作方位图。检查时应及时提取与案件有关的证据材料，对医疗器械等物证存放的方位、状态和程度的描写记录应依次有序、准确清楚。涉案医疗器械的"注册证号、规格、生产日期、批号、生产厂家、有效期、数量、价格"等主要信息应力求记录完全，直指违法性质的信息应当详细描述。应记录当事人的活动状况，如记录检查过程中现场工人是否正在生产，营业员是否正在销售，当事人是否按要求提供票据、账册，是否配合检查等。必要时应记录物品的数量其数据来源和获取途径，如检查过程中确定的物品数量依据、方法（盘点、称重、查账等）和过程。有采取查封、扣押、复制、先行登记保存、拍照、录像等措施或方式提取证据，以及对医疗器械进行抽验的，应当在笔录中予以记载，以使《现场检查笔录》与其他证据互为印证、补充，形成证据链。

"准确"是要求记录的文字表达应准确、客观，不用模棱两可的词句，一般不用形容词。

（5）对检查中发现的违法行为和事实应当逐项逐条写明，并采用与法律、法规、规章、规范性文件规定的内容一致的法律术语或专业术语。

（6）一个案件有多处现场的，应当分别制作笔录；对现场需进行多次检查的，每次均应制作笔录，并注明检查的次数和顺序数。

（7）为避免当事人与检查人员对检查后现场设施或财物的数量、完好程度发生争议，笔录宜注明检查后现场设施或财物保持完好无损。

（8）应当记录被检查人对笔录的意见。将笔录由被检查人阅读或向其宣读后，由被检查人逐页签字或按指印、注明日期、在页码处按指印，并在笔录终了处注明"以上笔录我看过，情况属实"的字样。如记录有误或者遗漏，应当允许被检查人更正或者补充，被检查人应在笔录所有涂改的地方捺指印。如被检查人拒绝签字的，应由行政执法人员在笔录中注明情况，并请在场人签字。检查人、记录人应在笔录终了处签字、注明日期。

三、先行登记保存物品审批表

（一）适用范围

《先行登记保存物品审批表》依据《行政处罚法》第三十七条第二款、《药品监督行政处罚程序规定》第二十二条第一款制作，是执法人员在案件调查过程中，对证据采取先行登记保存措施之前，报请主管领导批准的内部文书。

（二）范例及制作说明

1. 范例

中华人民共和国药品监督行政执法文书

先行登记保存物品审批表

（滨）械登保审 ［2012］8 号①

案由： 涉嫌使用未经注册的医疗器械案 ②

当事人： 滨海县阳光医院③ 法定代表人（负责人）： 章三 ④

地址： 滨海县解放路 88 号 ⑤ 联系方式： 0123－-6666666⑥

先行登记保存物品种类：

　　骨科植入类医疗器械。⑦

　　根据《中华人民共和国行政处罚法》第三十七条第二款规定，拟对该单位（人）有

关物品予以登记保存。

　　保存地点：滨海县食品药品监督管理局仓库。⑧

　　保存条件：常温⑨

承办人： 肖鸣、闵磊

2012 年 3 月 8 日

审批意见：同意先行登记保存。

主管领导： 李林

2012 年 3 月 8 日

2. 制作说明 ①填写文书编号：地区简称＋执法类别＋填写年份＋顺序号；②应当按照《医疗器械监督管理条例》等法规的"罚则"及国家食品药品监督管理局行政规章中的规范用语填写。书写形式为：涉嫌＋具体违法行为＋案；③填写法人或者其他组织全称或者公民姓名；④法人选择填写法定代表人，其他组织选择填写负责人，公民则将此栏杠去；⑤法人或者其他组织填写单位地址，公民填写家庭地址；⑥填写固定电话、移动电话号码或者电子邮箱地址等；⑦注明登记保存的物品品种、制造工具名称、证据等；⑧写明是原地保存或者异地保存，并填写详细地址；⑨注明常温、阴凉、低温、避光、冷藏保存等。

（三）注意事项

承办人签字不得少于 2 名执法人员。

四、先行登记保存物品通知书

（一）适用范围

《先行登记保存物品通知书》依据《行政处罚法》第三十七条第二款、《药品监督行政处罚程序规定》第二十二条第一款制作，是药品监管执法人员在办案过程中，依法采取先行登记保存证据措施时，给当事人出具的书面文书。

（二）范例及制作说明

1. 范例

中华人民共和国药品监督行政执法文书

先行登记保存物品通知书

（滨）械登保通 ［ 2012 ］ 8 号①

___滨海县阳光医院②___ ：

根据《中华人民共和国行政处罚法》第三十七条第二款规定，我局决定对你（单位）的有关物品（见《先行登记保存物品清单》）予以登记保存。未经本局批准，不得使用、销毁或者转移。

保存地点：滨海县食品药品监督管理局仓库。③

保存条件：常温④

附件：先行登记保存物品清单

滨海县食品药品监督管理局（公章）

二0一二 年三月八日

本通知书已于 ___2012___ 年 ___3___ 月 ___8___ 日 ___9___ 时 ___36___ 分收到。

接收人签字： ___李四___

注：本文书一式二联，第一联存档，第二联交当事人。

2. 制作说明　①填写文书编号：地区简称＋执法类别＋填写年份＋顺序号；②填写法人或其他组织全称或公民姓名；③填写原地保存或者异地保存，并填写详细地址；④填写常温、阴凉、低温、避光、冷藏保存等。

（三）注意事项

（1）本文书填写前，应当填写《先行登记保存物品审批表》，相关内容应当保持一致。

（2）《先行登记保存物品通知书》应当与《（ ）物品清单》和《封条》配套使用。

（3）应当由符合要求的人签字接收，当事人为法人或其他组织的，应当由法定代表人或主要负责人或该法人、组织负责收件的人签字，当事人为公民的，应当由其本人签字。当事人有委托代理人的，可交由其委托代理人签收。当事人拒绝签收，可注明情况，邀请见证人签字或采取其他方式送达。

五、查封（扣押）审批表

（一）适用范围

《查封（扣押）审批表》依据《行政强制法》第十八条第（一）项、第十九条、《医疗器械监督管理条例》第三十一条、《药品监督行政处罚程序规定》第二十二条第二款制作，是执法人员在实施行政强制措施之前或者情况紧急，需要当场实施行政强制措施，报请主管领导批准或者补批的内部文书。

（二）范例及制作说明

1. 范例

中华人民共和国药品监督行政执法文书

查封（扣押）审批表

（滨）械查扣审［2012］8 号①

案由： 涉嫌使用未经注册的医疗器械案 ②

当事人： 滨海县中山医院 ③ 法定代表人~~（负责人）~~： 章三④

地址： 滨海县建设路 88 号⑤ 联系方式： 0123 – 3333333⑥

根据《医疗器械监督管理条例》第三十一条⑦，该单位~~（人）~~违法使用的骨科植入类医疗器械可能造成医疗器械质量事故，拟予以查封（扣押）。查封（扣押）期限拟从 2012 年 3 月 31 日至 2012 年 4 月 30 日。

查封（扣押）物品保存地点：滨海县食品药品监督管理局仓库。

查封（扣押）物品保存条件：常温。⑧

根据《中华人民共和国行政强制法》第十九条，需要紧急采取查封（扣押）措施、补办批准手续的说明：不采取扣押措施，有转移危险。⑨

承办人： 肖鸣 、 闵磊

2012 年 4 月 1 日

审批意见：同意扣押。

主管领导： 李林

2012 年 4 月 1 日

2. 制作说明 ①填写文书编号：地区简称＋执法类别＋填写年份＋顺序号；②应当按照《医疗器械监督管理条例》等法规的"罚则"及国家食品药品监督管理局行政规章中的规范用语填写。书写形式为：涉嫌＋具体违法行为＋案；③填写法人或者其他组织全称或者公民姓名；④法人选择填写法定代表人，其他组织选择填写负责人，公民则将此栏杠去；⑤法人或者者其他组织填写单位地址，公民填写家庭地址；⑥填写固定电话、移动电话号码或者电子邮箱地址等；⑦填写查封、扣押的法律依据；⑧填写常温、阴凉、冷藏、避光等储藏条件；⑨填写情况紧急的原因或理由。

（三）注意事项

（1）查封、扣押措施的期限不得超过 30 日，情况复杂的，经行政机关负责人批准，可以延长，但是延长期限不得超过 30 日。

（2）对物品需要进行检验的，查封、扣押的期间不包括检验的期间。

（3）承办人签字不得少于 2 名执法人员。

六、查封（扣押）决定书

（一）适用范围

《查封（扣押）决定书》依据《行政强制法》第十六条第一款、第二十四条、《医疗器械监督管理条例》第三十一条、《药品监督行政处罚程序规定》第二十二条第二款规定制作，是药品监督管理部门作出对当事人其有关场所、设施或者财物实施查封或扣押的行政强制措施的文书。

（二）范例及制作说明

1. 范例

中华人民共和国药品监督行政执法文书

查封（扣押）决定书

（滨）械查扣决 ［2012］8 号①

当事人：　滨海县中山医院②　　法定代表人~~（负责人）~~：　章三③
地址：　滨海县建设路 88 号④　　联系方式：　0123－3333333

根据　《医疗器械监督管理条例》第三十一条⑤　规定，你（单位）　涉嫌违法使用未经注册的骨科植入类医疗器械⑥　可能危害人体健康，决定予以查封（扣押）。我局将于查封（扣押）期限内作出处理决定［需要延长查封（扣押）期限的，我局将根据《中华人民共和国行政强制法》第二十五条之规定另行作出决定并告知］。在查封（扣押）期间，未经本局批准，不得擅自使用、销毁或者转移。

你单位可以对本决定进行陈述和申辩。

如不服本决定，可在接到本决定书之日起 60 日内依法向　滨州市食品药品监督管理局或滨海县人民政府　申请行政复议或 3 个月内向　滨海县人民　法院起诉。

查封（扣押）物品保存地点：滨海县食品药品监督管理局仓库。

查封（扣押）物品保存条件：常温。⑦

附：查封（扣押）物品清单

滨海县食品药品监督管理局（公章）

二〇一二年三月三十一日

本决定书于___2012___年___3___月___31___日___16___时___58___分收到。

接收人签字：___章三___

执法人员签字：___肖鸣___、___闵磊___

注：本文书一式二联，第一联由药品监督管理部门存档，第二联交当事人。

2. 制作说明 本文书样式在原《查封扣押物品通知书》的基础上按照《行政强制法》的要求进行了修改。①填写文书编号：地区简称＋执法类别＋填写年份＋顺序号；②填写法人或其他组织全称或公民姓名；③法人选择填写法定代表人，其他组织选择填写负责人，公民则将此栏杠去；④法人或其他组织填写单位地址，公民填写家庭地址；⑤填写查封、扣押的法律依据；⑥填写场所、设施或财物；⑦填写常温、阴凉、冷藏、避光等储藏条件。

（三）注意事项

（1）本文书使用前除因情况紧急可补办审批手续，应当填写《查封（扣押）审批表》，相关内容应当保持一致。

（2）《查封（扣押）决定书》应当与《（ ）物品清单》和《封条》配套使用。

（3）为避免查封、扣押混同使用，单独使用查封或扣押时应将非选择项杠掉。

（4）查封、扣押限于涉案的场所、设施或者财物，不得查封、扣押与违法行为无关的场所、设施或者财物；不得查封、扣押公民个人及其所抚养家属的生活必需品。当事人的场所、设施或者财物已被其他国家机关依法查封的，不得重复查封。

（5）应当由符合要求的人签字接收，当事人为法人或其他组织的，应当由法定代表人或负责人或该法人、组织负责收件的人签字，当事人为公民的，应当由其本人签字。当事人有委托代理人的，可交由其委托代理人签收。当事人拒绝签收，可注明情况，邀请见证人签字或采取其他方式送达。

七、封条

（一）适用范围

《封条》依据《医疗器械监督管理条例》第三十一条、《药品监督行政处罚程序规定》第二十三条第二款制作，是在实施查封、扣押时，对涉案场所、设施或者财物采取行政强制措施时使用的标识性文书。

（二）**范例及制作说明**

1. 范例

滨海县食品药品监督管理局封条

2012 年 3 月 31 日

（盖章）

2. 制作说明 《封条》参考尺寸：大封条长 38cm、宽 11cm，小封条长 30cm、宽 7cm。

（三）注意事项

《封条》上应当注明日期，加盖药品监督管理部门公章。

八、物品清单

（一）适用范围

《（ ）物品清单》依据《药品监督行政处罚程序规定》第二十三条第三款等规定制作，是药品监督管理部门在办案过程中，行政执法人员对需要详细登记的财物给予登记造册的书面凭证。

（二）范例及制作说明

1. 范例

中华人民共和国药品监督行政执法文书

（扣押 ①）物品清单

第 <u> 1 </u> 页共 <u> 1 </u> 页

当事人：<u>滨海县中山医院②</u> 地 址：<u>滨海县建设路88号③</u>

品名	生产厂家	规格	批号	数量	单价	包装	备注
股骨加压钢板	河西大大医疗器械有限公司	20mm	2040917	1	4000	塑料真空包装	
以下空白							

上述物品品种、数量经核对无误：

当事人签字（或盖章）：<u>章三</u>　　　　　　执法人员签字：<u>肖鸣</u> 、 <u>闵磊</u>

　　　　　　2012 年 3 月 31 日　　　　　　　　　　2012 年 3 月 31 日

注：本文书一式二联，第一联存档，第二联交当事人。此清单用于先行登记保存、解除先行登记保存、查封扣押、解除查封扣押、没收物品时使用，在（ ）中注明具体使用项目。

2. 制作说明 ①填写先行登记保存、解除先行登记保存、查封扣押、解除查封扣押、没收物品等；②填写法人或其他组织全称或公民姓名；③填写物品所在详细地址。

（三）注意事项

（1）本文书不能单独使用，应当与先行登记保存、查封扣押、没收物品等文书一并使用。

（2）"数量"填写应当精确，不可模糊。可填写成"规格×计量单位"。

（3）当事人不能提供单价的，应当注明。

（4）当事人拒绝签字的，应当注明情况，并邀请有关人员见证并签字。

（5）不得少于2名执法人员签字。

九、立案通知书

（一）适用范围

《立案通知书》依据《药品监督行政处罚程序规定》第二十四条第二款制作，系药品监督管理部门通知当事人作出立案决定的文书。

（二）范例及制作说明

1. 范例

中华人民共和国药品监督行政执法文书

立案通知书

（滨）械立案通 ［2012］ 8 号①

___滨海县中山医院②__：

　　经初步调查(检验)你（单位）　__使用未经注册的医疗器械股骨加压钢板 ③__　的行为，涉嫌违反了__《医疗器械监督管理条例》第二十六条第三款④__　的规定，决定对你（单位）立案调查。

　　特此通知。

滨海县食品药品监督管理局（公章）

二〇一二年 四 月 四 日

本通知书已于　_2012_　年_4_月_4_日_10_时_18_分收到。

接收人签字：　_章三_

执法人员签字：　_肖鸣_　、　_闵磊_

注：本文书一式二联，第一联由药品监督管理部门存档，第二联交当事人。

2. 制作说明　①填写文书编号：地区简称＋执法类别＋填写年份＋顺序号；②填写法人或其他组织全称或公民姓名；③填写立案所依据的事实；④填写违反的法律、法规、规章的具体条文。

（三）注意事项

（1）此文书系在原《行政处理通知书》的基础上，依据《行政强制法》进行修改后而成。原《行政处理通知书》仅限于对查封、扣押物品案件的应用，为保障当事人的知情权，该文书更名为《立案通知书》，不论是否涉及查封、扣押均应告知当事人是否已经立案。

（2）引用的法律、法规、规章要写全称，规章还应当写明制作主体机关。引用条文要具体到条、款、项、目。案件涉及多个违法行为的，应当分别按照有关法律、法规或者规章的规定，依次分项列明。

（3）应当由符合要求的人签字接收，当事人为法人或其他组织的，应当由法定代表人或主要负责人或该法人、组织负责收件的人签字，当事人为公民的，应当由其本人签字。当事人有委托代理人的，可交由其委托代理人签收。当事人拒绝签收，可注明情况，邀请见证人签字或采取其他方式送达。

十、查封（扣押）延期审批表

（一）适用范围

《查封（扣押）延期审批表》依据《行政强制法》第二十五条第一款制作，系药品监督管理部门决定对查封、扣押延期进行审批的内部文书。

（二）范例及制作说明

1. 范例

中华人民共和国药品监督行政执法文书

查封（扣押）延期审批表

（滨）械查扣延审 ［2012］8 号①

案由：　涉嫌使用未经注册的医疗器械案②

当事人：　滨海县中山医院③　　　法定代表人（负责人）：　章三 ④

地　址：　滨海县建设路88 号⑤　　　联系方式：　0123 – 3333333⑥

根据《中华人民共和国行政强制法》第二十五条第一款规定，我局拟对（滨）械查扣决［2012］8 号《查封（扣押）决定书》查封（扣押）的物品延长查封（扣押）期限至 2012 年 5 月 30 日。

延长查封（扣押）期限的理由：需要对该批医疗器械的来源进行进一步协助调查，具体产品定性需要已经向省食品药品监督管理局请示，等待协助调查结果和省局答复。⑦

经办人：<u>肖鸣</u>、<u>闵磊</u>

2012 年 4 月 28 日

审批意见：同意延期扣押。

主管领导：<u>李林</u>

2012 年 4 月 28 日

2. 制作说明 本文书系依据《行政强制法》规定新增的一种文书。①填写文书编号：地区简称 + 执法类别 + 填写年份 + 顺序号；②应当按照《医疗器械监督管理条例》等法规的"罚则"及国家食品药品监督管理局行政规章中的规范用语填写，书写形式为：涉嫌 + 具体违法行为 + 案；③填写法人或者其他组织全称或者公民姓名；④法人选择填写法定代表人，其他组织选择填写负责人，公民则将此栏杠去；⑤法人或者其他组织填写单位地址，公民填写家庭地址；⑥填写固定电话、移动电话号码或者电子邮箱地址等；⑦填写案情复杂或其他客观原因。

（三）注意事项

（1）一定要严格把握查封、扣押期限，立案决定并不能顺延查封、扣押期限。超期查封、扣押属于违法行为，需承担法律责任。

（2）物品需要检验、检测或其他技术鉴定的，其期间不计算在查封、扣押期限内，不需要办理延期审批，但应告知当事人检验、检测或其他技术鉴定期限。

十一、查封（扣押）延期通知书

（一）范例及制作说明

《查封（扣押）延期通知书》依据《行政强制法》第二十五条第二款制作，系药品监督管理部门决定延长查封、扣押期限，通知当事人的文书。

（二）范例及制作说明

1. 范例

中华人民共和国药品监督行政执法文书

查封（扣押）延期通知书

（滨）械查扣延通〔2012〕8 号①

当事人：　滨海县中山医院 ②　　　法定代表人（负责人）：　章三③

地　址：　滨海县建设路88 号④　　　联系方式：　0123 – 3333333⑤

　　根据《中华人民共和国行政强制法》第二十五条第一款规定，我局决定对　（滨）械查扣决〔2012〕8　号《查封（扣押）决定书》查封（扣押）的物品，延长查封（扣押）期限至　2012　年　5　月　30　日。在查封（扣押）期间，未经本局批准，不得擅自使用、销毁或者转移。

　　你（单位）可以对本决定进行陈述和申辩。

　　如不服本决定，可在接到本通知书之日起60 日内依法向　滨州市食品药品监督管理局或滨海县人民政府　申请行政复议或3 个月内向　滨海县人民　法院起诉。

　　延长查封（扣押）期限的理由：需要对该批医疗器械的来源进行进一步协助调查，具体产品定性需要已经向省食品药品监督管理局请示，等待协助调查结果和省局答复。⑥

　　查封（扣押）物品保存地点：滨海县食品药品监督管理局仓库。

　　查封（扣押）物品保存条件：常温。

滨海县食品药品监督管理局（公章）

二〇一二年四月二十九日

本通知书于　2012　年　4　月　29　日　11　时　16　分收到。

接收人签字：　章三

执法人员签字：　肖鸣　、　闵磊

注：本文书一式二联，第一联由药品监督管理部门存档，第二联交当事人。

　　2. 制作说明　本文书系依据《行政强制法》规定新增的一种文书。①填写文书编号：地区简称＋执法类别＋填写年份＋顺序号；②填写法人或者其他组织全称或者公民姓名；③法人选择填写法定代表人，其他组织选择填写负责人，公民则将此栏杠去；④法人或者其他组织填写单位地址，公民填写家庭地址；⑤填写固定电话、移动电话号码或者电子邮箱地址等；⑥填写案情复杂的具体原因。

（三）注意事项

（1）使用前应当填写《查封（扣押）延期审批表》。

（2）查封、扣押延长期限不得超过 30 日。

十二、检验（检测、技术鉴定）告知书

（一）适用范围

《检验（检测、技术鉴定）告知书》依据《行政强制法》第二十五条第三款制作，系药品监督管理部门决定对查封、扣押物品进行检验、检测或者其他技术鉴定，告知当事人的文书。

（二）范例及制作说明

1. 范例

中华人民共和国药品监督行政执法文书

检验（检测、技术鉴定）告知书

（ ）检告 [ ] 号①

____②____：

　　我局决定对（ ）查扣决 [ ] 号《查封（扣押）决定书》查封（扣押）的物品进行检验，检验期间自＿＿＿年＿＿＿月＿＿＿日至＿＿＿年＿＿＿月＿＿＿日。根据《中华人民共和国行政强制法》第二十五条第三款规定，该期间不计入查封（扣押）期限。

　　特此告知。

（公　章）

年　月　日

本告知书于＿＿＿年＿＿＿月＿＿＿日＿＿＿时＿＿＿分收到。

接收人签字：＿＿＿＿＿＿＿

执法人员签字：＿＿＿、＿＿＿

注：本文书一式二联，第一联由药品监督管理部门存档，第二联交当事人。

　　2. 制作说明　①填写文书编号：地区简称 + 执法类别 + 填写年份 + 顺序号；②填写法人或者其他组织全称或者公民姓名。

十三、解除先行登记保存物品通知书

（一）适用范围

《解除先行登记保存物品通知书》依据《药品监督行政处罚程序规定》第二十四条第四款制作，是对先行登记保存物品，提取证据或排除违法嫌疑后，向当事人发出解除物品控制的文书。

（二）范例及制作说明

1. 范例

中华人民共和国药品监督行政执法文书

解除先行登记保存物品通知书

（滨）械解保通〔2012〕8 号①

__滨海县阳光医院②__ ：

我局于 __2012__ 年 __3__ 月 __8__ 日，以《先行登记保存物品通知书》〔（滨）械登保通〔2012〕8号〕中对《先行登记保存物品清单》所列物品予以登记保存，现予以全部~~（或部分）~~③解除登记保存。

附件：解除先行登记保存物品清单

滨海县食品药品监督管理局（公章）

二〇一二年四月八日

本通知书于 __2012__ 年 __4__ 月 __8__ 日 __11__ 时 __13__ 分收到。

接收人签字： __李四__

注：本文书一式二联，第一联存档，第二联交当事人。

2. 制作说明 ①填写文书编号：地区简称＋执法类别＋填写年份＋顺序号；②填写法人或其他组织全称或公民姓名；③将非选择项杠去。

（三）注意事项

（1）《解除先行登记保存物品通知书》同时填写《（解除）物品清单》。

（2）应当由符合要求的人签字接收，当事人为法人或其他组织的，应当由法定代表人或主要负责人或该法人、组织负责收件的人签字，当事人为公民的，应当由其本人签字。当事人有委托代理人的，可交由委托代理人签收。当事人拒绝签收，可注明情况，邀请见证人签字或采取其他方式送达。

十四、解除查封（扣押）决定书

（一）适用范围

《解除查封（扣押）决定书》是依据《行政强制法》第二十七条、第二十八条、《药品监督行政处罚程序规定》第二十四条第三款制作，对查封场所或者查封、扣押物品，出现排除违法嫌疑、已经作出处理决定或者查封、扣押期限已经届满等其他不再需要查封的情形后，向当事人作出解除决定的文书。

（二）范例及制作说明

1. 范例

中华人民共和国药品监督行政执法文书

解除查封（扣押）决定书①

（滨）械解查扣决〔2012〕8 号②

 <u>滨海县阳光医院 ③</u> ：

我局于 <u>2012</u> 年 <u>4</u> 月 <u>4</u> 日，以 <u>（滨）械查扣决〔2012〕8</u> 号《查封（扣押）决定书》对《查封（扣押）物品清单》所列物品予以查封（扣押），现根据《中华人民共和国行政强制法》第二十八条第（一）项之规定，予以全部~~（或部分）~~解除查封（扣押）。

附：解除查封（扣押）物品清单

滨海县食品药品监督管理局（公章）

二〇一二 年四月十四日

本决定书已于 <u>2012</u> 年 <u>4</u> 月 <u>14</u> 日 <u>10</u> 时 <u>9</u> 分收到。

接收人签字： <u>李四</u>

执法人员签字： <u>肖鸣</u> 、 <u>闵磊</u>

注：本文书一式二联，第一联由药品监督管理部门存档，第二联交当事人。

2. 制作说明　本文书样式在原《解除查封扣押物品通知书》的基础上按照《行政强制法》的要求进行了修改。①将查封或扣押的非选择项杠去；②填写文书编号：地区简称＋执法类别＋填写年份＋顺序号；③填写法人或其他组织全称或公民姓名。

（三）注意事项

（1）依据《行政强制法》第二十八条，下列情形药品监督管理部门应当及时作出解除查扣押决定："（一）当事人没有违法行为；（二）查封、扣押的场所、设施或者财物与违法行为无关；（三）行政机关对违法行为已经作出处理决定，不再需要查封、扣押；（四）查封、扣押期限已经届满；（五）其他不再需要采取查封、扣押措施的情形。"

（2）解除查封、扣押应当立即退还财物；已将鲜活物品或者其他不易保管的财物拍卖或者变卖的，退还拍卖或者变卖所得款项。变卖价格明显低于市场价格，给当事人造成损失的，应当给予补偿。

（3）《解除查封（扣押）决定书》的对象是物品时，需同时填写《（　）物品清单》。

（4）应当由符合要求的人签字接收，当事人为法人或其他组织的，应当由法定代表人或主要负责人或该法人、组织负责收件的人签字，当事人为公民的，应当由其本人签字。当事人有委托代理人的，可交由委托代理人签收。当事人拒绝签收，可注明情况，邀请见证人签字或采取其他方式送达。

第三节　处罚决定文书

一、案件合议记录

（一）适用范围

《案件合议记录》依据《药品监督行政处罚程序规定》第二十七条制作，是在案件调查终结后，由处（科）负责人组织案件承办人及有关人员对案件进行综合分析、审议时，记录案件讨论情况的文书。

（二）范例及制作说明

1. 范例

中华人民共和国药品监督行政执法文书

案件合议记录

第 1 页共 3 页

案由：　涉嫌使用未经注册的医疗器械案①

当事人：　滨海县中山医院 ②

合议时间：　2012 年 6 月 10 日③　　主持人：　李林④　　地点：　局会议室⑤

合议人员：　肖鸣、闵磊、陈蓉⑥　　　　记录人：　陈蓉李：现在召集大家就滨海县中山医院涉嫌使用未经注册医疗器械一案进行合议，现在请案件承办人就该案的办理程序、违法事实、证据等进行汇报并提出处罚建议，然后请大家讨论。

承办人员汇报案情（事实、证据、依据、办案程序）：

肖：2012 年 3 月 31 日，我局执法人员根据群众举报的线索，对滨海县中山医院进行检查……

……处罚建议为：警告，没收扣押的医疗器械和违法所得 4000 元，并处罚款 10000 元。我的汇报完毕，请大家审议。⑦

讨论记录：

闵：……同意肖鸣提出的处罚建议。
陈：……同意肖鸣提出的处罚建议。
……

李：通过承办人的汇报，并充分听取了大家讨论意见，本案承办人认定的事实清楚，证据充分，定性准确，承办人提出的处罚建议合理合法，本案就按承办人提出的处罚建议处理。你们是否还有不同意见？

闵：没有，同意承办人提出的处罚建议。
陈：没有，同意承办人提出的处罚建议。⑧

合议意见：

滨海县中山医院使用未经注册医疗器械的行为，涉嫌违反了《医疗器械监督管理条例》第二十六条第二款的规定，依据《医疗器械监督管理条例》第四十二条的规定，对滨海县中山医院作出以下行政处罚建议：警告，没收扣押的医疗器械和没收违法所得 4000 元，并处 10000 元的罚款。本案适用一般程序。⑨

主持人签字：李林

合议人员签字：肖鸣、闵磊、陈蓉   记录人签字：陈蓉

2. 制作说明 ①应当按照《医疗器械监督管理条例》等法规的"罚则"及国家食品药品监督管理局行政规章中的规范用语填写。书写形式为：涉嫌＋具体违法行为＋案；②填写法人或其他组织全称或公民姓名；③填写具体日期；④填写主持人姓名；⑤填写合议的办公场所地点；⑥填写参加合议人员的姓名；⑦简易描述案情；⑧要记载参加合议人员依次发表的意见，对不同意见和保留意见应当如实记录；⑨是在合议人发表意见后形成的综合处理意见，应当写明对违法行为的定性结论，违反的法律、法规和规章条款以及处罚的依据和具体的处罚意见。

（三）注意事项

合议结束后，记录人将合议记录交主持人和参加合议人员核对无误后，分别签字。

二、撤案申请表

（一）适用范围

《撤案申请表》依据《行政处罚法》第三十八条第一款第（三）项、《药品监督行

政处罚程序规定》第二十七条第（三）项制作，是案件立案后，经调查确认违法事实不能成立，承办人报请主管领导批准撤案的文书。

（二）范例及制作说明

1. 范例

中华人民共和国药品监督行政执法文书

撤案申请表

（滨）械撤申［2012］8 号①

案　由：　涉嫌向未取得《医疗器械经营企业许可证》的个人购进医疗器械案②

当事人：　滨海县中山医院③　　　法定代表人（负责人）：　章三 ④

地址：　滨海县建设路88号⑤　　　联系方式：　0123－3333333⑥

案件来源：　监督检查 ⑦　　　立案时间：　2012 年 3 月 8 日

案情调查摘要：2012 年 3 月 1 日，我局执法人员在对滨海县中山医院进行检查时，因当场无法提供其所销售的一次性无菌输液器的合法购进票据，被我局依法扣押，并以涉嫌从无《医疗器械生产企业许可证》、《医疗器械经营企业许可证》的企业购进医疗器械为由立案调查。后该医院陈述其购进一次性无菌输液器的渠道合法，并向我局提供供货方资质材料、购销合同、销售发票等证据。我局执法人员经过核实，认定该医院销售的一次性输液器确系从具备医疗器械经营资格的河西省大山医药公司购进。⑧

撤案理由：

滨海县中山医院购进一次性无菌输液器渠道合法、根据《中华人民共和国行政处罚法》第三十八条第一款第（三）项、《药品监督行政处罚程序规定》第二十七条第（三）项规定，建议撤案。⑨

承办人：　肖鸣　、　闵磊

2012 年 3 月 15 日

审核意见： 拟同意撤案。 机构负责人：　程朋 2012 年 3 月 15 日	审批意见：同意撤案。 主管领导：李林 2012 年 3 月 15 日

2. 制作说明　①填写文书编号：地区简称＋执法类别＋填写年份＋顺序号；②应当按照《医疗器械监督管理条例》等法规的"罚则"及国家食品药品监督管理局行政规章中的规范用语填写。书写形式为：涉嫌＋具体违法行为＋案；③填写法人或其他组织全称或公民姓名；④法人选择填写法定代表人，其他组织选择填写负责人，公民则将此栏杠去；⑤法人或者其他组织填写单位地址，公民填写家庭地址；⑥填写固定电话、移动电话号码或者电子邮箱地址等；⑦填写监督检查、举报投诉、检验机构检验、上级药品监管部门交办、下级药品监管部门报请查处、其他行政机关或其他药品监管部门移送、其他方式、途径披露等；

⑧简要填写案情经过；⑨填写违法事实不能成立的理由及法律依据。

（三）注意事项

（1）立案时间应与立案审批表中主管领导批准的时间一致。

（2）承办人签名不得少于 2 名执法人员。

三、行政处罚事先告知书

（一）适用范围

《行政处罚事先告知书》依据《行政处罚法》第三十一条、《药品监督行政处罚程序规定》第二十八条第一款制作，是作出行政处罚决定之前，告知当事人作出行政处罚决定的理由、违法事实、依据（拟处罚种及罚没款幅度）以及当事人依法享有陈述申辩权利的文书。

（二）范例及制作说明

1. 范例

中华人民共和国药品监督行政执法文书

行政处罚事先告知书

（滨）械罚先告［2012］8 号①

___滨海县中山医院②___ ：

你（单位）___于 2012 年 3 月 1 日从河西省大大医疗设备有限公司购进未经注册的医疗器械股骨加压钢板 2 套，已经使用给患者 1 套，获取违法所得 4000 元，库存 1 套③___ 的行为，违反了 ___《医疗器械监督管理条例》第二十六条第三款 ④___ 的规定。

依据 ___《医疗器械监督管理条例》第四十二条⑤___ 的规定，我局拟对你（单位）进行 ___警告，没收扣押的医疗器械和违法所得 4000 元，并处 10000 元罚款⑥___ 的行政处罚。

依据《中华人民共和国行政处罚法》第六条第一款、第三十一条规定，你（单位）可在 ___2012___ 年 _6_ 月 _14_ 日⑦之前到 ___滨海县食品药品监督管理局___ 进行陈述和申辩。逾期视为放弃陈述和申辩。

特此告知。

滨海县食品药品监督管理局（公章）

二 0 一二年六月十一日

本告知书已于 ___2012___ 年 _6_ 月 _11_ 日 _9_ 时 _11_ 分收到。

接收人签字：___章三___

注：本文书一式二联，第一联存档，第二联交当事人。

2. 制作说明　①填写文书编号：地区简称＋执法类别＋填写年份＋顺序号；②填写法人或其他组织全称或公民姓名；③填写主要违法事实；④引用违法事实定性所依据的法律、法规、规章条文；⑤引用行政处罚量罚所依据的法律、法规、规章条文，一般在法律责任或法则一章；⑥填写作出行政处罚的方式、种类、幅度；⑦结合案情酌定，一般可在 3 日内。

（三）注意事项

（1）违法事实填写应当写清性质、违法物品数量、金额、违法所得以及其他可能影响处罚裁量的情节。

（2）引用法律、法规、规章要写全称，规章宜写明规章的制作主体机关，引用条文要具体到条、款、项、目。案件涉及多个违法行为的，应当分别按照有关法律、法规或者规章的规定，依次分项列明。

（3）拟处罚决定内容不能笼统，要写清方式、种类、幅度。例如，不可以表述为，我局拟对你单位进行罚款或我局拟对你单位进行 5000 ~ 20000 元罚款，而应当表述为，我局拟对你单位进行 10000 元罚款。

（4）应当由符合要求的人签字接收，当事人为法人或其他组织的，应当由法定代表人或主要负责人或该法人、组织负责收件的人签字，当事人为公民的，应当由其本人签字。当事人有委托代理人的，可交由委托代理人签收。当事人拒绝签收，可注明情况，邀请见证人签字或采取其他方式送达。

四、陈述申辩笔录

（一）适用范围

《陈述申辩笔录》依据《行政处罚法》第三十二条、《行政强制法》第十八条第（六）项、《药品监督行政处罚程序规定》第二十八条第二款制作，是在向当事人送达行政处罚事先告知书、查封、扣押决定书或履行行政处罚决定催告书后，记录当事人陈述申辩意见的文书。

（二）范例及制作说明

1. 范例

中华人民共和国药品监督行政执法文书

陈述申辩笔录

第　页共　页

案由：＿＿＿＿＿＿＿＿①＿＿＿＿＿＿＿＿

当事人：＿＿＿＿＿＿②＿＿＿＿＿＿＿

陈述、申辩人：＿③＿＿　联系方式：＿④＿＿

陈述和申辩时间：＿＿年＿＿月＿＿日＿＿时 ＿＿分至＿＿时＿＿分⑤

陈述和申辩地点：＿＿＿＿＿＿⑥＿＿＿＿＿

承办人：＿＿⑦＿＿　记录人：＿＿＿⑧＿＿

陈述和申辩内容：⑨

陈述申辩人签字：_____ 承办人签字：_____ ⑩

记录人签字：_____

___年___月___日   ___年___月___日

2. 制作说明 ①应当按照《医疗器械监督管理条例》等法规的"罚则"及国家食品药品监督管理局行政规章中的规范用语填写。书写形式为：涉嫌＋具体违法行为＋案。②填写法人或其他组织全称或公民姓名。③填写陈述申辩人法定姓名。④填写固定电话、移动电话号码或者电子邮箱地址等。⑤填写陈述申辩起止时间，应当准确到分。⑥填写陈述申辩具体地点，可以是药品监督管理部门办公场所或者当事人住所等。⑦承办人姓名。⑧记录人姓名。⑨记录陈述申辩情况。⑩分别由陈述申辩人、承办人、记录人签字并注明时间。

（三）注意事项

（1）该文书可既适用于实施行政处罚活动，也适用于实施行政强制活动。

（2）当事人对案件事实、行政处罚或行政强制措施理由和依据、执法程序等进行陈述申辩时，执法人员应当认真听取，准确记录陈述申辩原话原意。对当事人提出新的事实和证据要记录完整。

（3）当事人委托陈述申辩人的，应当出具当事人的委托书。

（4）《陈述申辩笔录》填写完毕后，应当将笔录交给当事人核对或者当场宣读，当事人确认无误后，应当在笔录终了处顶格注明"以上情况属实"的字样，并在笔录上逐页和修改处签字或者按指纹，写明日期。执法人员应当在笔录终了处右下角签字、注明日期。

（5）当事人提供文字陈述申辩材料的，应当随卷保存。

（6）承办人签字不得少于2名执法人员。

五、行政处罚审批表

（一）适用范围

《行政处罚审批表》依据《药品监督行政处罚程序规定》第二十九条制作，是对依法适用行政处罚的案件，由承办人报请处（科）负责人审核，并经主管领导审批的文书。

（二）范例及制作说明

1. 范例

中华人民共和国药品监督行政执法文书

行政处罚审批表

案由：　使用未经注册的医疗器械案 ①

当事人：　滨海县中山医院 ②

　　主要违法事实：于 2012 年 3 月 1 日从河西省大大医疗设备有限公司购进未经注册的医疗器械股骨加压钢板 2 套，已经使用给患者 1 套，获取违法所得 4000 元，库存 1 套。③

　　该单位（人）上述行为违反了　《医疗器械监督管理条例》第二十六条第三款 ④
　　　　　　　　的规定，依据　《医疗器械监督管理条例》第四十二条⑤
　　　　　　的规定，经合议，建议给予以下行政处罚：警告，没收扣押的医疗器械和违法所得 4000 元，并处 10000 元罚款⑥

案件承办人：　肖鸣、闵磊 ⑦

2012 年 6 月 16 日

审核意见： 拟同意。 机构负责人：　程朋、付飞 2012 年 6 月 16 日	审批意见：同意。 主管领导：　李林 2012 年 6 月 16 日

　　2. 制作说明　①应当按照《医疗器械监督管理条例》等法规的"罚则"及国家食品药品监督管理局行政规章中的规范用语填写。书写形式为：涉嫌＋具体违法行为＋案；②填写法人或其他组织全称或公民姓名；③简要叙述案件违法事实；④引用违法事实定性所依据的法律、法规、规章条文，一般在法律责任或罚则一章；⑤引用行政处罚量罚所依据的法律、法规、规章条文；⑥填写作出行政处罚的方式、种类、幅度；⑦由承办人签字，并注明日期。

（三）注意事项

（1）引用法律、法规、规章要写全称，规章还应当写明制作的主体机关，引用条文要具体到条、款、项、目。案件涉及多个违法行为的，应当分别按照有关法律、法规或者规章的规定，依次分项列明。

（2）承办人签字不得少于 2 名执法人员。

（3）对案件的审核应由案件承办机构负责人与法制机构负责人共同进行。

（4）主管领导审批日期，即为药品监督管理部门作出行政处罚决定的日期。行政处罚决定日期与生效日期是不一样的，决定日期是《行政处罚决定书》上的落款日期，而生效日期是送达之日。

六、重大案件集体讨论记录

（一）适用范围

《重大案件集体讨论记录》，依据《行政处罚法》第三十八条第二款、《药品监督行政处罚程序规定》第二十九条第二款制作，是对于重大、复杂、拟给予较重行政处罚的案件，由药品监督管理部门负责人集体讨论时所填写的文书。

（二）范例及制作说明

1. 范例

中华人民共和国药品监督行政执法文书

重大案件集体讨论记录

第　　页　共　　页
_____

案由：_____①_____
当事人：_____②_____
讨论时间：_____③_____　　地点：_____④_____
主持人：_____汇报人：_____记录人：_____
参加人：_____
_____

主要违法事实（证据、依据、办案程序及处罚意见）：⑤

　　讨论记录：⑥

　　讨论决定：⑦

_____

主持人签字：

　　参加人员签字：　　　　　　　　　　　　　　　记录人签字：
_____

2. 制作说明　①应当按照《医疗器械监督管理条例》等法规的"罚则"及国家食

品药品监督管理局行政规章中的规范用语填写。书写形式为：涉嫌＋具体违法行为＋案；②填写法人或其他组织全称或公民姓名；③填写具体日期；④讨论的办公场所；⑤事实及证据、法律依据、办案程序等；⑥要记载参加讨论人员依次发表的意见，对不同意见和保留意见应当如实记录；⑦是在主持领导对案件讨论的总结发言后形成的综合处理意见，应当写明对违法行为的定性结论，违反的法律、法规和规章条款以及处罚的依据和具体的处罚意见。

（三）注意事项

（1）重大是指社会影响大，危害后果严重，涉及面广等。复杂是指案情复杂、曲折、调查困难、认定困难等。处罚较重是指责令停产停业、吊销许可证或者批准证明文件、较大数额罚款、没收违法所得、没收财物。

（2）讨论记录可以使用《重大案件集体讨论记录》，也可以采用会议纪要形式。

（3）药品监督管理部门应当成立重大案件审理委员会，负责重大、复杂、拟给予较重行政处罚案件的讨论，主任由局长担任，成员由局领导和各处、科（室）负责人担任。

（4）《重大案件集体讨论记录》和《案件合议记录》都是作出行政处罚决定的内部依据，但集体讨论决定的效力高于合议意见，如果合议意见被集体讨论决定否定的，则按照《重大案件集体讨论记录》的内容作出行政处罚决定。

七、行政处罚决定书

（一）适用范围

《行政处罚决定书》依据《行政处罚法》第三十九条第一款、《药品监督行政处罚程序规定》第三十条制作，是药品监督管理部门对事实清楚、证据确凿的违法案件，依照法定程序对违法当事人作出行政处罚决定的文书。

（二）范例及制作说明

1. 范例

中华人民共和国药品监督行政执法文书

行政处罚决定书

（滨）械行罚 ［2012］8 号①

被处罚单位（人）：　滨海县中山医院 ②

地址（住址）：　滨海县建设路 88 号③　　　联系方式：　0123－33333333 ④

法定代表人（负责人）：　章三　⑤　　　性别　男　　年龄：　38 岁　　职务：　院长

经查，你单位有下列违法事实：于 2012 年 3 月 1 日从河西省大大医疗设备有限公司购进未经注册的医疗器械股骨加压钢板 2 套，已经使用给患者 1 套，获取违法所得 4000 元，库存 1 套。⑥

有关证据：举报登记表、病例资料、扣押决定书及被扣押的股骨加压钢板、《现场检查笔录》、《调查笔录》、《协查函》、《医疗机构执业许可证》、《法人营业执照》、《医疗器械经营企业许可证》。⑦

违反法律、法规、规章的条、款、项、目:《医疗器械监督管理条例》第二十六条第三款、第四十二条。⑧

处罚决定:警告,没收扣押的医疗器械和违法所得4000元,并处10000元罚款。⑨

请在接到本处罚决定书之日起15日内到 中国农业银行滨海县支行 银行缴纳罚没款。逾期每日按罚款数额的3%加处罚款。逾期不履行处罚决定,我局将申请人民法院强制执行。

如不服本处罚决定,可在接到本处罚决定之日起60日内依法向 滨州市食品药品监督管理局或滨海县人民政府⑩ 申请行政复议或3个月内向 滨海县人民⑪法院起诉。

滨海县食品药品监督管理局(公章)

二〇一二年六月十六日

注:本文书应为制作式,一式三份,分别用于存档、交被处罚单位(人)、必要时交人民法院强制执行。

2. 制作说明 ①文书编号,其形式为:地区简称+执法类别+填写年份+顺序号;②法人或其他组织表述名称,并注明其住所(地址)、法定代表人或负责人姓名。公民记载姓名、性别、出生日期、民族、籍贯、学历、工作单位、职务、身份证号码等基本信息;③法人或其他组织地址或公民家庭地址;④固定电话、移动电话号码或电子邮箱地址等;⑤法人选择表述法定代表人姓名,非法人或其他组织选择表述负责人姓名,公民则不需表述此项;⑥应当详述违法事实、时间、地点、情节、违法物品数量、货值金额及剩余物品数量和价值等内容;⑦必须是与违法事实相关联的证据,如:现场检查笔录、调查笔录、销售凭证、检验报告书、照片以及各种物证等;⑧、⑨应当用"上述行为违反了××法第×条第×款第×项……的规定(案件办理中未下达《责令改正通知书》的,增加"依据《中华人民共和国行政处罚法》第二十三条的规定,责令当事人改正或者限期于×年×月×日前改正"的内容),依据××法第×条第×款第×项……的规定,决定处罚如下:1.……;2.……;3.……"的表述方式制作;⑩填写行政复议受理机关。复议受理机关为该药品监督管理部门的本级人民政府或上一级主管部门,省、自治区、直辖市另有规定的,依照省、自治区、直辖市的规定办理。对药品监督管理部门依法设立的派出机构依照法律、法规或者规章规定,以自己的名义作出的具体行政行为不服的,行政复议受理机关为设立该派出机构的药品监督管理部门或者该部门的本级地方人民政府。如对××市食品药品监督管理局××分局作出的具体行政行为不服的,行政复议受理机关为××市食品药品监督管理局或者××市人民政府,而不是××区人民政府;⑪填写行政诉讼受理法院,一般为药品监督管理部门所在地的基层人民法院,所在地中级人民法院管辖本辖区重大复杂案件。

(三)注意事项

(1)本文书一律采用制作式,不得填充制作。

（2）被处罚当事人为法人或其他组织，应当写明其法定名称全称，不可缩写或简写。需要工商登记的医疗器械生产、经营企业或营利性医疗机构，应当注明营业执照上的注册号、法定代表人或者负责人或者投资人或者执行合伙企业事务的合伙人姓名、住所（营业场所）。《医疗器械生产企业许可证》、《医疗器械经营企业许可证》、《医疗机构执业许可证》登记的名称、法定代表人或者负责人姓名、注册地址与营业执照登记的不一致的，以营业执照登记的名称、法定代表人或者负责人姓名、住所（营业场所）为准。国有事业单位医疗机构，其法定名称为事业单位法人登记名称，《医疗机构执业许可证》登记的名称与事业单位法人登记的名称不一致的，事业单位登记的名称为法定名称。无需工商注册登记的非营利性非国有医疗机构的法定名称为《医疗机构执业许可证》上登记的名称。被处罚当事人为公民，应当表述公民在公安机关户籍登记时的法定姓名。被处罚当事人为个体工商户，则应当表述为营业执照上登记的业主姓名，有字号的，可表述成："姓名××（系××字号业主），性别、出生日期、民族、籍贯、学历、身份证号码。

（3）法人依法设立并领取营业执照的分支机构可以按其他组织作为被处罚当事人。法人非依法设立的分支机构，或者虽依法设立，但没有领取营业执照的分支机构，以设立该分支机构的法人为被处罚当事人。

（4）引用法律、法规、规章要写全称，规章宜写明制作的主体机关，引用条文要具体到条、款、项、目。案件涉及多个违法行为的，应当分别按照有关法律、法规或者规章的规定，依次分项列明，清楚说明案件的各个事实。

（5）引用法律、法规、规章条文要完整。从轻、减轻或从重处罚的，不要遗漏引用《行政处罚法》和《药品管理法实施条例》等法律法规的相关条文。医疗机构使用假劣药品的，既要引用《药品管理法》第四十八条或第四十九条第一款，又要引用《药品管理法实施条例》第六十八条。

（6）引用法律或条文要注意先后顺序。先引所依据的主要法律，再引用所依据的辅助法律，先引用主要条文，再引用辅助条文。

（7）实施行政处罚时，应当责令当事人改正或者限期改正违法行为。可以下发《责令改正通知书》，或是在《行政处罚决定书》中予以表述。有没收物品的应当注明"见《没收物品凭证》"。

（8）当事人不服处罚决定，提起行政复议的期限为收到《行政处罚决定书》之日起60内，不能表述为2个月内，提起行政诉讼的期限为收到《行政处罚决定书》之日起3个月内，不能表述为90日内。

（9）本文书应当在药品监督管理部门负责人作出批准处罚决定后及时制作，文书上注明的日期为负责人签署日期。

（10）《行政处罚决定书》应当在宣告后当场交付，当事人不在场的，7日内依照民事诉讼法的有关规定送达当事人。

知识链接

说理性行政处罚决定书

行政处罚决定书是行政机关在行政执法中针对具体违法行为制作的具有法律强制力的法律文书。增强行政处罚决定书的说理性有利于进一步推进依法行政，提高执法办案质量，展示行政执法机关良好的执法形象，体现执法者的办案水平和业务素质，充分发挥法制宣传教育作用。

一、基本原则

制作说理性行政处罚决定书要体现叙事完整、层次清晰、结构合理、详略得当、用字准确、语句流畅、说理充分、逻辑严密的原则。

二、基本格式

说理性行政处罚决定书由首部、正文和尾部三部分组成，其中正文包括事实、理由和处罚决定。

（一）首部

首部应当简明扼要、准确规范。首部包括标题、文号，介绍当事人的基本情况（有委托代理人的应写明其基本情况）和案件来源，使所办案件的来龙去脉清楚明白。

（二）正文

1. 事实

（1）事实的叙述　要在充分调查核实的基础上，按照案件发生的时间顺序叙述，客观、全面、真实地反映案情，详述主要情节和因果关系，做到阐述翔实、推理严密、抓住重点、把握要害。陈述违法事实时，要对案件当事人何时、何地、从事何类违法活动，违法行为的具体表现，涉案标的物数量、金额、违法所得等情况叙述清楚，并对当事人从事违法行为的主观意图、采取的手段、造成的社会后果作出客观表述，确保事实清晰、证据确凿、考量合理。此外，叙述事实不应加任何主观的评论性语言，对当事人的主观意图和悔改表现等影响到量罚的从轻或者减轻情节也应当写明。

（2）证据的列举　对于认定违法事实的证据要求明确、具体、严谨，并应围绕违法行为构成要件进行列举和分析。应按照"一事一证"的要求逐一罗列证据，说明该证据具体证明案件的哪些"违法事实"；如有否认案件"违法事实"的证据，则另起一段罗列并进行分析。在证据分析的基础上，要运用逻辑推理和经验法则对证据的有效性逐一作出有效或无效的确认，然后用有效的证据推定出案件的"违法事实"，对不予采信的证据则说明理由；最后阐述通过证据分析证明的违法事实，不要笼统写成"上述事实，有当事人调查笔录、书证、物证及证人证言证明"。

（3）当事人的陈述、申辩及听证　如果当事人放弃上述权利，则一笔带过即可。若当事人行使了上述权利，则应将当事人陈述、申辩的内容予以叙述。当事人在陈述、申辩或者听证中对行政机关调查认定的事实、定性、适用法律、证据、程序等提出的相关质疑意见及其证据，也应当进行描述。

（4）说明执法程序案件查办所经过的程序，如立案、强制措施、抽样取证、先行处理、处罚告知、听证告知、文书送达等，应在事实部分按照发生的时间顺序进行表述。

2. 理由　理由部分重在说理，应写明处罚的理由和处罚的法律依据，做到法理透彻，事理明晰，情理感人，法理、事理、情理"三理并重"。

（1）讲透适用法律的法理　在认定事实的基础上，结合有关法律、法规或规章的具体规定，客观分析当事人的违法性质，对案件性质进行准确定性。案件性质认定要从违法行为的构成要件着手阐明理由，结合具体案情事实，对适用某一法律条款作为处罚依据进行解释，必要时要对法律条款进行法理解释，以向当事人说明所选用法条的理由及其内涵。法律依据应当完整准确，符合法律适用原则，详细引用禁则和罚则的法条原文，根据条、款、项、目的顺序写明适用到哪一层级。从而使当事人清楚地对照法律条文，知道自己到底违反了什么规定，根据法律应该接受怎样的处罚。

（2）说清当事人质疑意见　当事人进行陈述、申辩或者听证中提出的质疑意见及其证据是否予以采纳应当在本部分进行明确，并阐明采纳或者不采纳的理由。尤其对采纳的理由要援引法律法规，并进行必要的法理分析说清、说透。

（3）讲明处罚裁量的情理　对当事人从事违法行为的主观意图、手段、社会后果作出客观评价后，应对从轻或减轻、从重或加重处罚的情节、理由、法律依据作必要的说明，使自由裁量权的行使合法合理。

3. 处罚决定　处罚决定应表述清楚、具体、明确，具有可执行性。

（三）尾部

应写明行政处罚的履行方式和期限，告知当事人不服行政处罚的救济途径，标明复议机关和诉讼法院的详细称谓、作出处罚决定的药品监督管理部门名称和制作日期，并加盖行政处罚机关印章。

三、应把握的重点环节

（一）注重调查取证

调查取证是增强行政处罚决定书说理性的前提。要针对"何人、何时、何地、何事、何果"五个方面有计划地开展调查取证，广泛收集证据，精心提取证据，认真审查证据。收集证据应当满足违法事实的认定并根据违法事实加以取舍，提取证据应当符合法定程序，审查证据应当强调关联性，保证证据链完整并能相互印证，防止随意性、片面性，确保证据真实、合法。

（二）注重法律论证

法律论证是增强行政处罚决定书说理性的主要体现。要坚持"以事实为依据，以法律为准绳"的原则，就案件事实运用法律原理进行周密严谨、深入透彻、说理充分的分析论证，主要在违法与合法、情节轻重与危害性大小等核心问题上分清是非、明确责任，使所办案件客观公正地适用法律，让当事人释疑服罚、口服心服。

（三）写好案件调查终结报告

写好案件调查终结报告是增强行政处罚决定书说理性的基础，是对行政处罚案件的事实和证据、适用法律、实体和程序、过程和结论等问题的全面、综合的反映和体现。各单位必须高度重视，认真写好案件调查终结报告。

例文：

滨州市食品药品监督管理局
行政处罚决定书

（滨）械行罚［2012］8 号

当事人滨州大成医疗设备有限公司，地址：滨州市西街 180 号，《企业法人营业执照》注册号 8305002010575，公司类型：有限责任公司，营业期限：自 2006 年 9 月 11 日至 2026 年 9 月 10 日止，《医疗器械经营企业许可证》证号：河 050014，法定代表人：章三，质量管理人：朱四，联系电话：1333333333。

2012 年 8 月 17 日，本局对当事人滨州大成医疗设备有限公司监督检查，发现仓库有数码恒温解冻箱一台，外观及铭牌显示信息如下：生产商××电子科技有限公司，注册号×食药管械（准）字 2012 第 2580053 号；规格型号 WGH－Ⅱ；生产日期：2012 年 3 月；编号 100320，当事人提供了注册号 X 食药管械（准）字 2012 第 2580053 号的《中华人民共和国医疗器械注册证》及《医疗器械注册登记表》，其中一张《医疗器械注册登记表》显示规格型号 WGH－Ⅰ、WGH－Ⅱ；另一张《医疗器械注册登记表》显示规格型号仅为 WGH－Ⅰ，执法人员制作了《现场检查笔录》，扣押了上述产品，并立案展开调查。

现查明，当事人于 2012 年 3 月 22 日从生产企业××电子科技有限公司购进数码恒温解冻箱规格型号 WGH－Ⅱ2 台，通过招标销售给了滨州市第一人民医院 1 台，库存 1 台。案发后当事人主动召回已销售的 1 台。当事人购进时生产企业提供了上述产品注册证，当时提供的注册登记表显示规格型号有 WGH－Ⅰ、WGH－Ⅱ。根据××省食品药品监督管理局的回函，确认生产企业 2012 年 3 月尚未取得规格型号 WGH－Ⅱ的数码恒温解冻箱产品注册证，当事人经营的规格型号 WGH－Ⅱ产品属无注册证产品。上述产品当事人购进价格为每台 16000 元，销售价格为每台 19000 元，获取违法所得 19000 元。

上述事实，有下列经当事人确认的证据证实：

1. 当事人提供的《医疗器械经营企业许可证》、《法人营业执照》副本复印件各 1 份，证明当事人具有医疗器械经营资格；

2. 本局制作的《现场检查笔录》、对法定代表人章三的 2 份《调查笔录》及扣押的数码恒温解冻箱 1 台，证明当事人 2012 年 3 月 22 日以来购入销售××电子科技有限公司生产的数码恒温解冻箱的情况；

3. 《××省食品药品监督管理局回函》证明了当事人销售的规格型号 WGH－Ⅱ的数码恒温解冻箱产品未取得注册证；

4. 由当事人、滨州市第一人民医院分别提供的数码恒温解冻箱产品资质复印件，证明生产企业提供给当事人的产品资质情况。

2012 年 10 月 18 日，本局对当事人送达了《听证告知书》〔（滨）械听告［2012］5 号〕、《行政处罚事先告知书》〔（滨）械罚先告［2012］5 号〕，当事人在规定的期限内未要求听证，并放弃陈述申辩。

本局认为，《医疗器械注册管理办法》第三十四条规定"医疗器械注册证书中下列内容发生变化的，生产企业应当自发生变化之日起 30 日内申请变更重新注册：（一）型号、规格；"，第四十八条规定"违反本办法第三十三条、第三十四条或者第三十五条的规定，未依法办理医疗器械重新注册而销售的医疗器械，或者销售的医疗器械与注册证书限定内容不同的，或者产品说明书、标签、包装标识等内容与医疗器械注册证书限定内容不同的，由县级以上（食品）药品监督管理部门依照《医疗器械监督管理条例》关于无医疗器械注册证书的处罚规定予以处罚"。《医疗器械监督管理条例》第二十六条第二款规定："医疗器械经营企业不得经营未经注册、无合格证明、过期、失效或者淘汰的医疗器械"，当事人经营未经注册的 WGH–Ⅱ 型数码恒温解冻箱，违反了《医疗器械监督管理条例》上述规定。

《医疗器械监督管理条例》第三十九条规定"违反本条例规定，经营无产品注册证书、无合格证明、过期、失效、淘汰的医疗器械的，或者从无《医疗器械生产企业许可证》、《医疗器械经营企业许可证》的企业购进医疗器械的，由县级以上人民政府药品监督管理部门责令停止经营，没收违法经营的产品和违法所得，违法所得5000元以上的，并处违法所得2倍以上5倍以下的罚款；没有违法所得或者违法所得不足5000元的，并处5000元以上2万元以下的罚款；情节严重的，由原发证部门吊销《医疗器械经营企业许可证》；构成犯罪的，依法追究刑事责任"，根据《行政处罚法》第二十七条、《河东省药品和医疗器械行政处罚裁量适用规则》第X条，鉴于当事人及时中止医疗器械违法行为，主动召回涉案产品，减轻危害后果，经合议，应当从轻处罚。本局依据《医疗器械监督管理条例》第三十九条规定，对当事人作出如下行政处罚：

一、没收扣押的数码恒温解冻箱1台（规格型号：WGH–Ⅱ，生产日期：2012年3月）；

二、没收违法所得19000元；

三、罚款10000元。

上述款项共计29000元，当事人应当在接到本处罚决定书之日起15日内到滨州市食品药品监督管理局罚没款专户3205210011200040274市工行营业部缴纳。当事人逾期不履行行政处罚决定的，本局将依法采取下列措施：（一）到期不缴纳罚款的，每日按罚款数额的3%加处罚款；（二）申请人民法院强制执行。

如不服本处罚决定，可在接到本处罚决定之日起60日内依法向河东省食品药品监督管理局或滨州市人民政府申请行政复议，或者3个月内直接向滨州市大江区人民法院提起行政诉讼。当事人对行政处罚决定不服申请行政复议或者提起行政诉讼的，行政处罚不停止执行。

滨州市食品药品监督管理局

二〇一二年十月二十五日

注：本文书应为制作式，一式三联，第一联随案卷存档，第二联交当事人，第三联必要时交人民法院强制执行。

（注：文中案例为虚构）

八、没收物品凭证

（一）适用范围

《没收物品凭证》依据《药品监督行政处罚程序规定》第三十条第四款制作，是在行政处罚决定中适用没收物品罚种时填写的文书。

（二）范例及制作说明

1. 范例

中华人民共和国药品监督行政执法文书

没收物品凭证

（滨）械没物 ［2012］8 号①

案由： <u>涉嫌使用未经注册的医疗器械案②</u>

当事人： <u>滨海县中山医院③</u>　　　　地址： <u>滨海县建设路 88 号④</u>

执行机关： <u>滨海县食品药品监督管理局⑤</u>

根据《行政处罚决定书》〔（滨）械 行罚 ［2012］8 号〕的决定，对你（单位）的涉案物品执行没收。

　　附件：没收物品清单

（公 章）

年　　月　　日

注：本文书一式三联，第一联存档，第二联交被处罚单位，第三联必要时交人民法院强制执行。

2. 制作说明　①填写文书编号，其形式为：地区简称＋执法类别＋填写年份＋顺序号；②应当按照《医疗器械监督管理条例》等法规的"罚则"和规章中的规范用语填写，书写形式为：涉嫌＋具体违法行为＋案；③填写法人或者其他组织名称或者公民姓名；④填写法人或者其他组织地址或公民家庭住址；⑤填写案件承办的药品监督管理部门全称。

（三）注意事项

处罚决定下达时，需要没收的物品已经被扣押或者先行登记保存在药品监督管理部门控制之下的，《没收物品凭证》开具日期应当与《行政处罚决定书》日期一致；需要没收的物品没有被药品监督管理部门控制的，执行没收的日期，即控制物品的日期为《没收物品凭证》的开具日期。

九、没收物品处理审批表

（一）适用范围

《没收物品处理审批表》依据《行政处罚法》第五十三条、《药品管理法实施条例》第八十二条、《药品监督行政处罚程序规定》第三十一条制作，是对没收的物品进行处理前，由承办人报请处（科）负责人审核，并经主管领导审批的文书。

（二）范例及制作说明

1. 范例

中华人民共和国药品监督行政执法文书

没收物品处理审批表

（滨）械没处审［2012］8 号①

根据《中华人民共和国行政处罚法》第五十三条规定，建议对　滨海县中山医院②　　　单位（或个人）依据《行政处罚决定书》〔（滨）械行罚［2012］8 号〕没收的物品做销毁□　移交□　上交□　拍卖□等处理。③

物品名称	没收时间	没收数量	折合金额	拟处理方式
股骨加压钢板	2012 年 6 月 16 日	1	4000 元	毁形
以下空白				

负责人：　程朋

2012 年 6 月 30 日

审批意见：

同意销毁。

主管领导：　李林

2012 年 6 月 30 日

2. 制作说明　①填写文书编号，其形式为：地区简称＋执法类别＋填写年份＋顺序号；②填写被处罚单位（人）的全称或姓名；③应当注明销毁（焚烧、深埋、粉碎、毁型、无害化处理）、移交、上交、拍卖等。

（三）注意事项

（1）没收的物品应当在超过诉讼期限或法院强制执行后处理。

（2）空白处应当用杠线对角划去。

十、没收物品处理清单

（一）适用范围

《没收物品处理清单》依据《行政处罚法》第五十三条、《药品管理法实施条例》第八十二条、《药品监督行政处罚程序规定》第三十一条制作，是记录没收物品具体处理情况的文书。

（二）范例及制作说明

1. 范例

中华人民共和国药品监督行政执法文书

没收物品处理清单

（滨）械没处 ［ 2012 ］8 号①

根据《行政处罚决定书》〔 （滨）械行罚 ［ 2012］8 号〕

当事人： 滨海县中山医院②　　 地址： 滨海县建设路 88 号　　 电话： 0123 – 333333

执行处置单位： 滨海县食品药品监督管理局 ③　　 地址： 滨海县沿江路 85 号

电话： 0123 – 345678

没收物品处理情况明细表

物品名称	规格	单位	数量	处理方式	地点	经办人	备注
股骨加压钢板		套	1	销毁④	城郊垃圾场⑤	肖鸣、闵磊⑥	
以下空白							

特邀参加人签字： 李山、王五⑦　　　　 承办人签字： 肖鸣、闵磊

　　　　　2012 年 6 月 30 日　　　　　　　　2012 年 6 月 30 日

注：此文书共二联，第一联存档，第二联备查。

2. 制作说明　①填写文书编号，其形式为：地区简称＋执法类别＋填写年份＋顺

序号；②填写法人或者其他组织名称或者公民姓名；③填写负责处置的药品监督管理部门全称，或是受委托单位、部门的名称；④应当注明销毁（焚烧、深埋、粉碎、毁型、无害化处理）、移交、上交、拍卖等；⑤仅指物品销毁地点。⑥是具体实施处理物品的人。不同的处理方式可有不同的经办人。⑦特邀参加人是指第三方人员，可以是被处罚人的基层组织有关人员，也可以是上级药品监督管理部门派出人员，还可以是当地国有资产管理部门的工作人员。特邀参加人一般为2人以上，应当在《没收物品处理清单》上签字见证。

（三）注意事项

（1）使用前应当填写《没收物品处理审批表》，相关内容应当与其保持一致。

（2）《没收物品处理清单》应当一案一单。

（3）《没收物品处理清单》不得少于2名承办人签字，并邀请第三方人员（特邀参加人）参加并签字。

十一、责令改正通知书

（一）适用范围

《责令改正通知书》依据《行政处罚法》第二十三条、《药品监督行政处罚程序规定》第三十二条制作，是在药品监督检查时或者案件调查中对已经查明的违法行为，责令当事人立即改正或限期改正时填写的文书。

（二）范例及制作说明

1. 范例

中华人民共和国药品监督行政执法文书

责令改正通知书

（滨）械责改通［2012］8号①

滨海县中山医院②　：

你（单位）　使用未经注册的医疗器械股骨加压钢板 ③

　　　　　　　　　　　　　　的行为，违反了　《医疗器械监督管理条例》第二十六条第三款④　　　　　　　　的规定。

根据《中华人民共和国行政处罚法》第二十三条之规定，责令你（单位）于　2012　年　6　月　20　日前改正。改正内容及要求如下：使用经过注册的医疗器械⑤。

滨海县食品药品监督管理局（公章）

二〇一二年六月十六日

本通知书已于　2012　年　6　月　16　日　10　时　9　分收到。

接收人签字：　章三

注：本文书一式二联，第一联存挡，第二联交当事人。

2. 制作说明 ①填写文书编号，其形式为：地区简称＋执法类别＋填写年份＋顺序号；②填写法人或者其他组织全称或公民姓名；③填写违法事实；④引用违法事实定性所依据的法律、法规、规章的具体条文；⑤改正内容。

（三）注意事项

（1）责令限期改正的必须有合理的期限和复查的文字记录。

（2）引用的法律、法规、规章依据一般只引用定性的条文，除非量罚与定性在同一个条文。

（3）应当由符合要求的人签字接收，当事人为法人或其他组织的，应当由法定代表人或主要负责人或该法人、组织负责收件的人签字，当事人为公民的，应当由其本人签字。当事人有委托代理人的，可交由委托代理人签收。当事人拒绝签收，可注明情况，邀请见证人签字或采取其他方式送达。

十二、听证告知书

（一）适用范围

《听证告知书》依据《行政处罚法》第四十二条第一款、《药品监督行政处罚程序规定》第三十三条、三十五条制作，是对符合听证条件的案件，在作出行政处罚决定之前，告知当事人有权要求听证的文书。

（二）范例及制作说明

1. 范例

中华人民共和国药品监督行政执法文书

听证告知书

（滨）械听告［2012］8号①

  滨海县阳光医院② ：

你（单位） 涉嫌使用未经注册的医疗器械③ 的行为，违反了 《医疗器械监督管理条例》第二十六条第三款④ 的规定。

依据 《医疗器械监督管理条例》第四十二条⑤ 的规定，拟对你（单位）进行 警告，没收扣押的医疗器械和违法所得6000元，并处违法所得3倍的罚款即18000元⑥ 的行政处罚。

根据《中华人民共和国行政处罚法》第四十二条第一款的规定，你（单位）有权要求举行听证。

如你（单位）要求听证，应当在收到本告知书后3日内告之我局。逾期视为放弃听证权利。

如你单位放弃听证权利，依照《中华人民共和国行政处罚法》第六条第一款、第三十一条之规定，可在收到本告知书3日内到我局陈述和申辩，逾期视为放弃陈述和申辩。

机关地址： 滨海县沿江路85号   邮政编码： 33333333

联系电话：　012－3456789　　　　联系人：　陈蓉

滨海县食品药品监督管理局（公 章）

二〇一二年三月八日

本告知书已于　2012　年　3　月　8　日　10　时　10　分收到。

接收人签字：　李四

注：本文书一式二联，第一联存卷备查，第二联交当事人。

2. 制作说明　①填写文书编号，其形式为：地区简称＋执法类别＋填写年份＋顺序号；②填写法人或其他组织名称或公民姓名；③填写违法事实；④引用违法事实定性所依据的法律、法规、规章条文；⑤引用行政处罚量罚所依据的法律、法规、规章条文，一般在法律责任或罚则一章；⑥填写作出行政处罚的方式、种类、幅度。

（三）注意事项

（1）2004年9月，最高法院《关于没收财产是否应当进行听证及没收经营药品行为等有关法律问题的答复》一文指出，没收财产数额较大的，处罚决定前，应当告知当事人有权要求举行听证。据此，只要罚款金额加上没收违法所得金额加上没收财产的金额超过当地规定的较大数额的，处罚决定前，应当告知当事人有权要求举行听证。

（2）违法事实填写应当写明性质、违法物品、金额、违法所得以及其他影响处罚裁量的情节。

（3）引用法律、法规、规章要写全称，规章宜写明制作主体机关，引用条文要具体到条、款、项、目。案件涉及多个违法行为的，应当分别按照有关法律、法规或者规章的规定，依次分项列明。

（4）处罚决定内容要写清楚方式、种类、幅度。

（5）告知当事人有权要求举行听证的权利的同时，还应当告知当事人仍然可以在规定的期限内行使陈述和申辩权利。两项权利可以一并告知，也可以分别告知。

（6）应当由符合要求的人签字接收，当事人为法人或其他组织的，应当由法定代表人或主要负责人或该法人、组织负责收件的人签字，当事人为公民的，应当由其本人签字。当事人有委托代理人的，可交由其委托代理人签收。当事人拒绝签收，可注明情况，邀请见证人签字或采取其他方式送达。

十三、听证通知书

（一）适用范围

《听证通知书》依据《行政处罚法》第四十二条、《药品监督行政处罚程序规定》第三十六条制作，是通知当事人参加听证的文书。

（二）范例及制作说明

1. 范例

中华人民共和国药品监督行政执法文书

听证通知书

（滨）械听通 ［2012］ 8 号①

　滨海县阳光医院②　：

　　根据你（单位）提出的听证要求，本局决定于　2012　年　7　月　7　日　9　时　0　分，在　滨海县食品药品监督管理局三楼会议室 ③　　举行听证。请你（单位）法定代表人或委托代理人准时出席。不按时出席听证，且事先未说明理由，又无特殊原因的视为放弃听证权利。委托代理听证的，应当在听证举行前向本局提交听证代理委托书。

　　本案听证主持人　付飞　　　书记员：　陈蓉

　　根据《中华人民共和国行政处罚法》第四十二条的规定，你单位如申请主持人、记录员回避，可在听证举行前向本局提出回避申请并说明理由。

　　本局地址：　滨海县沿江路 85 号　　　邮政编码：　1234567

　　联系电话：　0123－456789　　　联系人：　肖鸣

滨海县食品药品监督管理局（公章）

二〇一二年七月一日

本通知书已于　2012　年　7　月　1　日　11　时　13　分收到。

接收人签字：　李四

注：本文书一式二联，第一联存卷备查，第二联交当事人。

2. 制作说明　①填写文书编号，其形式为：地区简称＋执法类别＋填写年份＋顺序号；②填写法人或者其他组织全称或者公民姓名；③填写听证地点。

（三）注意事项

（1）听证通知书应当 7 日前送达给当事人，期间不包括途上时间。

（2）主持人、书记员应当非本案件承办人员。法律、法规、规章对主持人、书记员有资格要求的，应当从其规定。

（3）应当由符合要求的人签字接收，当事人为法人或其他组织的，应当由法定代表人或主要负责人或该法人、组织负责收件的人签字，当事人为公民的，应当由其本人签字。当事人有委托代理人的，可交由委托代理人签收。当事人拒绝签收，可注明情况，邀请见证人签字或采取其他方式送达。

十四、听证笔录

（一）适用范围

《听证笔录》依据《行政处罚法》第四十二条第一款第七项、《药品监督行政处罚程序规定》第四十二条第一款制作，是对听证全过程的记录。

（二）范例及制作说明

1. 范例

中华人民共和国药品监督行政执法文书

听 证 笔 录

第 页 共 页

___

案由： 涉嫌使用未经注册的医疗器械案①

当事人： 滨海县阳光医院②

法定代表人（负责人）： 李四③ 性别： 男 年龄： 46 联系方式： 1333333333

工作单位： 滨海县阳光医院 地址： 滨海县沿江街道行星路 365 号

案件承办人： 肖鸣 科室： 稽查科 职务： 科员

案件承办人： 闵磊 科室： 稽查科 职务： 科员

听证主持人： 付飞 书记员： 陈蓉

听证时间： 2012 年 7 月 7 日 9 时 0 分至 11 时 49 分

听证方式： 公开④

___

记录：

陈：滨海县阳光医院法定代表人李四及其委托代理人胡五是否到会？

李：到会。

胡：到会。

陈：现在宣布听证会纪律：

①服从听证主持人，未经主持人允许不得发言、提问；②未经主持人允许不得录音、录像和摄影；③参加听证人员未经主持人允许不得退场；④旁听人员不得大声喧哗，不得鼓掌、哄闹或者进行其他妨碍听证秩序的活动；⑤对违反以上听证纪律的，主持人有权予以制止；情节严重的，责令其退场。

付：现在开始听证。核对当事人法定代表人身份（姓名、性别、年龄、职务、联系方式）。

李：我叫李四，男，46 周岁，院长，联系电话：133333333。

付：现核对当事人委托代理人身份及代理权限。

胡：胡五，××律师事务所律师，特别代理，代为承认、放弃或变更听证请求。

付：现核对调查人员身份。

肖：我叫肖鸣，滨海县食品药品监督管理局稽查科科员。

闵：我叫闵磊，滨海县食品药品监督管理局稽查科科员。

付：今天本局根据《中华人民共和国行政处罚法》第四十二条之规定在滨海县食品药品监督管理局三楼会议室依法公开组织听证当事人滨海县阳光医院涉嫌使用未经注册医疗器械一案。本次听证会由滨海县食品药品监督管理局法制科付飞主持，陈蓉担任听证会记录。

现在宣读听证参加人有关听证的权利与义务。参加人在听证会上有下列权利：

①有要求或放弃听证的权利；②有申请回避的权利；③有陈述、申辩和质证权利；④有核对听证笔录权利。参加人在听证会上有下列义务：①依法听证；②如实回答听证主持人的询问；③遵守听证纪律。有关听证的权利与义务是否听清楚了？

李：听清楚了。

胡：听清楚了。

肖：听清楚了。

付：当事人、委托代理人你们是否对主持人、书记员提出回避申请？

李：不需要。

付：现在进行听证调查。请本案调查人员提出当事人违法的事实、证据、拟作出的行政处罚的依据和行政处罚建议。

肖：经查明，……………，以上事实有………为证，足以认定。当事人滨海县阳光医院涉嫌使用未经注册医疗器械，违反了《医疗器械监督管理条例》第二十六条第三款之规定，依据《中华人民共和国行政处罚法》第二十三条，责令当事人立即改正违法行为。鉴于……，依据《医疗器械监督管理条例》第四十二条，本局决定，拟给予处罚：……。［注：一般要求调查人员撰写并宣读《调查报告》，则可记录为，"肖：宣读《调查报告》（附听证笔录后）"］

付：现在进行举证、质证。请案件调查人员举证，举证时应当说明证据的来源、所要证明的对象，并简要宣读证据的内容。

闵：……。

付：请案件调查人员将出示的证据拿给申请人、委托代理人辨认。

闵：……。

付：现在请申请人、委托代理人对案件调查人员提供的证据进行质证，质证时应当围绕证据的真实性、关联性、合法性进行质疑、说明、辨驳，对有异议的证据，双方均可当场发问质疑，当场质证、辨论。

李：无异议。

胡：无异议。

付：当事人及其委托代理人是否有其他证据需要提供？

李：没有。

胡：没有。

（注：如有提供，①请工作人员将当事人及委托代理人出示的证据提供给主持人过目；②请工作人员将当事人及委托代理人出示的证据拿给案件调查人员辨认，并请调查人员进行质证。）

付：经过质证，以上证据真实性、合法性均无异议，可作为本案证据，下面进行辩论，首先由调查人员发言。

肖：……

付：下面由当事人、委托代理人发表意见！

李：……

胡：……

付：双方如无新的观点，请当事人作最后的陈述。

李：……

肖：……

付：听证会到此结束，本主持人将根据听证笔录写出听证报告上报本局负责人。现在请听证参加人员留下来核对听证记录并签名。⑤

以上笔录看过，与我说的一样。

当事人：李四　　　　　　　　2012.7.7

委托代理人：胡五　　　　　　2012.7.7

调查人员：肖鸣、闵磊　　　　2012.7.7

主持人：付飞　　　　　　　　2012.7.7

书记员：陈蓉　　　　　　　　2012.7.7

　　　　　　　　　　　　　　（以下空白）

注：听证笔录经当事人审核无误后逐页签字，修改处签字或按指纹，并在笔录终了处注明对笔录真实性的意见。案件承办人和听证主持人在笔录终了处签字。

当事人或委托代理人签字：

2. 制作说明　　①应当按照《医疗器械监督管理条例》等法规的"罚则"及国家食品药品监督管理局行政规章中的规范用语填写。书写形式为：涉嫌＋具体违法行为＋案；②填写法人或者其他组织全称或公民姓名；③法人选择填写法定代表人姓名，其他组织选择填写负责人姓名，公民则将此栏杠去；④注明公开或者不公开；⑤全面、客观、真实记录听证全过程。

（三）注意事项

（1）听证主持人与书记员应当与听证通知书保持一致。如有更换，应当重新填写听证通知书。

（2）委托代理人应当将当事人授权委托书在听证前交给听证机关，并注明委托权限，是一般委托还是特别委托，不可笼统称为全权代理。

（3）书记员要准确记录发言人的原意。记录要简明扼要，对案件承办人员和当事人提出的主要事实、主要观点、主要证据，要重点记录。所有证据都要经过质证，并制作证据目录附后。

（4）听证笔录正文部分，主要包括：①举行听证的内容和目的；②介绍和核实听证参加人的姓名和身份；③告知当事人、委托代理人和其他听证参加人依法享有的权利；宣布听证的纪律；④案件调查人员陈述当事人违法的事实、证据和处罚依据及处罚建议；⑤当事人对案件涉及的事实、证据等进行陈述、申辩的内容；⑥案件调查人员和当事人双方质证、辩论的内容和证据；⑦当事人的最后陈述意见。

（5）《听证笔录》填写或制作完毕后，应当将笔录交给听证参加人核对或者当场宣读，参加人员确认无误后，应当在笔录终了处顶格注明"以上笔录看过，与我说的一样"的字样，并在笔录上逐页和修改处签字或者按指纹，写明日期。

（6）当事人提供了书面发言材料和书面陈述申辩材料的，应当附在《听证笔录》后。

十五、听证意见书

（一）适用范围

《听证意见书》依据《行政处罚法》第四十三条、《药品监督行政处罚程序规定》第四十三条制作，是在听证结束后，听证主持人根据听证情况，提出听证意见的内部文书。

（二）范例及制作说明

1. 范例

中华人民共和国药品监督行政执法文书

听 证 意 见 书

案由：＿＿＿＿＿＿①＿＿＿＿＿＿

当事人：＿＿＿＿②＿＿＿＿　　法定代表人（负责人）：＿＿＿＿＿③＿＿＿＿＿

听证时间：＿＿＿年＿＿月＿＿日＿＿＿时＿＿分至＿＿＿时＿＿分

听证主持人：＿＿＿＿＿＿＿　　听证方式：＿＿＿＿④＿＿＿＿

案件基本情况：⑤

案件承办人主要意见：⑥

当事人主要理由：⑦

听证意见：⑧

听证主持人签字：＿＿＿＿＿＿

年　　月　　日

2. 制作说明　①应当按照《医疗器械监督管理办法》等法规的"罚则"及国家食品药品监督管理局行政规章中的规范用语填写，书写形式为：涉嫌＋具体违法行为＋案；②填写法人或者其他组织全称或公民姓名；③法人选择填写法定代表人姓名，其他组织选择填写负责人姓名，公民则将此栏杠去；④注明公开或者不公开；⑤简述案情；⑥案件承办人对案件事实认定、相关证据、理由以及处理意见；⑦当事人陈述申辩的理由和要求；⑧是听证主持人综合听证双方意见，确认案件事实是否清楚、证据是否确凿、程序是否合法、适用法律是否准确，并明确提出的处理意见。

（三）注意事项

（1）听证意见应当独立、客观、公正作出。

（2）《听证意见书》应当与《听证笔录》内容一致，并附有《听证笔录》备查。

十六、当场行政处罚决定书

（一）适用范围

《当场行政处罚决定书》依据《行政处罚法》第三十三条、《药品监督行政处罚程序规定》第四十五条制作，是执法人员按照简易程序，依法当场作出行政处罚决定时填写的文书。

（二）范例及制作说明

1. 范例

中华人民共和国药品监督行政执法文书

当场行政处罚决定书

（滨）械当行罚 ［2012］8 号①

被处罚单位（人）：　滨海县大上大药房 ②	地址：　滨海县建设路 8 号③	
法定代表人（负责人）：　李四 ④	性别：　男	年龄：　42 ⑤	职务：　投资人

经查，你（单位）有下列主要违法事实：　超范围经营医疗器械 ⑥

上述事实已经违反了　《医疗器械经营企业许可证管理办法》第三十八条第（二）项⑦　之规定，责令立即停止违法行为。依据　《医疗器械经营企业许可证管理办法》第三十八条第（二）项⑧　的规定，给予以下行政处罚：　警告 ⑨

请在接到本处罚决定书之日起 15 日内到　　　　　　⑩　　银行缴纳罚款。逾期每日按罚款数额的 3% 加处罚款。逾期不履行处罚决定，我局将申请人民法院强制执行。

如不服本处罚决定，可在接到本处罚决定之日起 60 日内依法向　滨州市食品药品监督管理局或滨海县人民政府⑪　申请行政复议或 3 个月内向　滨海县人民 ⑫　　法院起诉。

你（单位）放弃了陈述和申辩。

当事人签字：　李四　　　　　执法人员签字：　肖鸣　、　闫磊

（公章）

2012 年 3 月 8 日　　　　　　　2012 年 3 月 8 日

注：本文书一式三联，第一联存档，第二联交被处罚单位，第三联必要时交人民法院强制执行。

2. 制作说明 ①填写文书编号，其形式为：地区简称＋执法类别＋填写年份＋顺序号；②法人或者其他组织填写全称，公民填写姓名；③填写法人或者其他组织地址或者公民家庭住址；④法人选择填写法定代表人姓名，其他组织选择填写负责人姓名，公民则将此栏杠去；⑤填写公历周岁；⑥填写主要违法事实；⑦引用违法事实定性所违反的法律、法规、规章条文；⑧引用行政处罚量罚所依据的法律、法规、规章条文，一般在法律责任或罚则一章；⑨填写作出行政处罚的方式、种类、幅度；⑩仅是警告的行政处罚，应将此栏杠去；⑪填写行政复议受理机关名称；⑫填写行政诉讼受理法院即药品监督管理部门所在地基层人民法院名称。

（三）注意事项

（1）本文书一般采用填充式。具备可以现场打印的设备，可以采用制作式。

（2）被处罚当事人为法人或其他组织，应当写明其法定名称全称，不可简写、缩写。医疗器械生产经营企业或营利性医疗机构，其法定名称为营业执照上登记的名称。《医疗器械生产企业许可证》、《医疗器械经营企业许可证》、《医疗机构执业许可证》登记的名称与营业执照登记的名称不一致的，营业执照登记的名称为法定名称。国有事业单位医疗机构，其法定名称为事业单位登记名称，医疗机构执业许可证登记的名称与事业单位登记的名称不一致的，事业单位登记的名称为法定名称。无需工商注册登记的非营利性非国有医疗机构的法定名称为《医疗机构执业许可证》上登记的名称。被处罚当事人为公民，应当表述公民在公安机关户籍登记时的法定姓名。被处罚当事人为个体工商户，则应当表述为营业执照上登记的业主姓名，有字号的，可表述成：姓名（系某字号业主）。

（3）法人依法设立并领取营业执照的分支机构可以按其他组织作为被处罚当事人。法人非依法设立的分支机构，或者虽依法设立，但没有领取营业执照的分支机构，以设立该分支机构的法人为被处罚当事人。

（4）严格掌握适用范围。当场处罚仅限于，违法事实确凿并有法定依据，对公民处以50元以下、对法人或者其他组织处以1000元以下罚款或者警告的行政处罚。从轻处罚后实际处罚的罚种、处罚幅度符合适用范围的，可以适用简易程序。减轻处罚后实际处罚的罚种、处罚幅度符合适用范围的，不适用简易程序。个体工商户不属于其他组织，按公民对待。只要处罚决定中，有没收物品和没收违法所得，不管货值或金额多小，都不可以适用当场处罚。执法人员在适用简易程序处理案件的过程中发现，当事人对违法事实、法律适用、执法程序有异议或者不符合简易程序适用条件的，应当及时适用一般程序。

（5）严格遵循法定程序。执法人员应当出示执法证件，作出当场处罚决定前，应当告知当事人作出处罚决定的事实、理由及依据，并告知当事人依法享有的权利。药品监督管理部门必须充分听取陈述和申辩的意见，并进行复核后，决定是否作出当场处罚决定。如有制作《调查笔录》，则应当在笔录中予以体现前述内容。如无需制作《调查笔录》，可在《当场处罚决定书》当事人签字一栏的上方注明，"本处罚决定作出前已依法告知你（单位）执法人员身份，出示执法证件，并告知作出本处罚决定的事实、理由、依据及处处内容，听取了你（单位）的陈述和申辩，或者"你（单位）放弃了陈述和申辩"，但这一做法尚存争议。

（6）行政处罚决定必须当场作出，当场宣告，当场送达，不可事后制作，事后送达。执法人员签字与当事人的签字应为同一日期。若当事人拒绝签字或者按指纹的，执法人员应当在文书上注明情况，并邀请相关基层组织或者在场人员见证签名。

（7）签字的执法人员必须在执法现场，必须取得执法资格，非在场执法人员、未取得执法资格的协助执法的协管员、合同工、临时工不得签字。

（8）当场行政处罚决定书制作完毕后应当在7个工作日内报所属行政机关备案。

十七、送达回执

（一）适用范围

《送达回执》依据《行政处罚法》第四十条、《药品监督行政处罚程序规定》第四十九条制作，是药品监督管理部门将有关文书送达当事人的凭证。

（二）范例及制作说明

1. 范例

中华人民共和国药品监督行政执法文书

送 达 回 执

受送达单位（人）：＿＿＿＿＿＿①＿＿＿＿＿＿

送达文件名称及文件编号：＿＿＿＿＿②＿＿＿＿＿

送达方式：＿＿＿＿③＿＿＿＿　　送达地点：＿＿＿＿＿＿＿

送达人：＿＿④＿＿　　送达日期：＿＿＿年＿＿＿月＿＿＿日＿＿＿时＿＿＿分

收件人：＿＿⑤＿＿　　收件日期：＿＿＿年＿＿＿月＿＿＿日＿＿＿时＿＿＿分

（公章）

年　月　日

备注：⑥

注：本文书一式二联，第一联收件人签字后随卷存档，第二联备查。

2. 制作说明 ①填写法人或者其他组织全称或者公民姓名；②应当写明行政处罚决定文书等文书的名称和编号；③注明直接送达、邮寄送达、留置送达、委托送达、公告送达；④由送达人签字；⑤由收件人签字；⑥用于说明有关事项，如采取邮寄送达的，应当将挂号回执和邮寄凭证粘贴在备注上，并用文字注明。

（三）注意事项

（1）凡需送达当事人的告知类、通知类文书中已设定当事人签收栏的，由当事人签收即为送达。没有设定的，应当使用送达回执。

（2）由代收人签收的，应在签收栏或备注栏内注明代收人与被送达人的关系。

第四节 执行与结案文书

一、延（分）期缴纳罚没款审批表

（一）适用范围

《延（分）期缴纳罚没款审批表》依据《行政处罚法》第五十二条、《药品监督行政处罚程序规定》第五十三条第二款制作，是对当事人提出延期或者分期缴纳罚款的申请进行审批的文书。

（二）范例及制作说明

1. 范例

中华人民共和国药品监督行政执法文书

延（分）期缴纳罚没款审批表

（ ）延罚审 [ ] 号①

当事人：_____②_____

法定代表人（负责人）：_____③_____ 职务：_____

处罚决定书号：（ ）行罚 [ ] 号

当事人请求批准延（分）期缴纳罚没款的理由、期限：④

　附件：当事人申请书

合议意见：⑤

合议人签字：_____
　　　　　　年　 月　 日

审批意见：⑥

主管领导：_____
　　　　　　年　 月　 日

2. 制作说明　①填写文书编号，其形式为：地区简称＋执法类别＋填写年份＋顺序号，②填写法人或者其他组织全称或公民姓名；③法人选择填写法定代表人姓名，其他组织选择填写负责人姓名，公民则将此栏杠去；④简要填写当事人理由、期限；⑤注明经合议同意或者不同意延（分）期缴纳罚没款的意见，并写明理由；⑥主管领导审批意见。

（三）注意事项

（1）本文书一定要附有当事人申请书。

（2）合议人员不得少于 3 人签字。

（3）主管领导审批意见应当及时告知当事人。

二、履行行政处罚决定催告书

（一）适用范围

《履行行政处罚决定催告书》依据《行政强制法》第四十六条、第五十三条制作，系药品监督管理部门催告当事人履行行政处罚决定所签发的文书。

（二）范例

中华人民共和国药品监督行政执法文书

履行行政处罚决定催告书

（滨）械罚催告 ［2012］8 号

　　滨海县阳光医院：

　　我局于 2012 年 2 月 20 日向你（单位）送达了　（滨）械行罚 ［2012］8 号《行政处罚决定书》，决定对你（单位）进行如下处罚：　没收违法医疗器械、没收违法所得 520 元和罚款 3900 元，并要求你（单位）于 2012 年 3 月 14 日前到滨海县农业银行缴纳罚款。由于你单位至今未（全部）履行处罚决定。我局自 2012 年 3 月 15 日起每日按　（滨）械行罚 ［2012］8 号《行政处罚决定书》　罚款数额的 3% 加处罚款（加处罚款的总数额不超过原罚款数额）。逾期我局将根据《中华人民共和国行政强制法》第五十三条、第五十四条等规定，在本催告书送达 10 日后向人民法院申请强制执行。

　　如你（单位）对此有异议，可于 2012 年 6 月 18 日前进行陈述和申辩。

滨海县食品药品监督管理局（公章）

二〇一二年六月十五日

本催告书已于　2012　年　6　月　15　日　11　时　5　分收到。

接收人签字：　王甲

执法人员签字：　肖鸣　、　闵磊

注：本文书应为制作式，一式三份，分别用于存档、交被处罚单位（人）、交人民法院强制执行。

（三）注意事项

（1）该文书应当采用制作式。

（2）在规定的履行处罚决定期限届满后应当及时催告。

三、陈述（申辩）复核意见书

（一）适用范围

《陈述（申辩）复核意见书》依据《行政处罚法》第三十二条第一款、《行政强制法》第三十六条制作，系药品监督管理部门对当事人对行政处罚决定前后和查封、扣押等行政强制措施所作出的陈述、申辩进行复核后，所签发的复核结论和处理意见的文书。

（二）范例

中华人民共和国药品监督行政执法文书

陈述申辩复核意见书

（ ）陈辩核〔 〕号

案由	
陈述申辩基本情况	
陈述申辩结论及处理意见	
承办机构	签字： 年 月 日

注：附陈述申辩笔录。

（三）注意事项

陈述、申辩结论和处理意见应当写明依据和理由。

四、行政处罚强制执行申请书

（一）适用范围

《行政处罚强制执行申请书》依据《行政处罚法》第五十一条、《行政强制法》第五十三条、《药品监督行政处罚程序规定》第五十九条制作，是药品监督管理部门向人民法院提请行政强制执行时填写的文书。

（二）范例及制作说明

1. 范例

中华人民共和国药品监督行政执法文书

行政处罚强制执行申请书

（滨）械罚强申 ［2012］8 号①

滨海县②人民法院：

关于　滨海县阳光医院涉嫌使用未经注册的医疗器械③一案的行政行罚决定已于　2012　年　3 月　2 日送达，该单位逾期未履行行政处罚决定。

根据《中华人民共和国行政处罚法》第五十一条第三款的规定，特申请强制执行。申请执行的内容及当事人基本情况如下：

当事人：　滨海县阳光医院④

地址：　滨海县长江街道黄河路 88 号

法定代表人（负责人）：　李四⑤　　　性别：　男　　年龄：　46　　职务：　院长

申请执行内容：⑥

1. 没收违法所得 520 元；

2. 罚款 3900 元；

3. 自 2012 年 3 月 18 日起，每日按罚款数额 3900 元的 3%（3900 元）加处罚款。

附件⑦：1.《行政处罚决定书》〔（河滨）药行罚［2012］1 号〕；

2.《送达回执》；

3.《履行行政处罚决定催告书》。

滨海县食品药品监督管理局（公章）

二〇一二年七月三十日

申请机关地址：　滨海县沿江街道雄石路 18 号

联系人：　肖鸣、闵磊　　　联系方式：　3779239

注：本文书共二联，第一联存档，第二联交法院。

2. 制作说明

①填写文书编号，其形式为：地区简称＋执法类别＋填写年份＋顺序号；②填写有管辖权的法院名称，一般为药品监督管理部门所在地的基层人民法院；

③填写案件名称；④填写法人或者其他组织全称或公民姓名；⑤法人选择填写法定代表人姓名，其他组织选择填写负责人姓名，公民则将此栏杠去；⑥应当写明申请执行的事项，包括罚没款数额、没收物品名称及数量等；⑦应当分项列明作为执行依据的《行政处罚决定书》、《没收物品凭证》、《没收物品清单》、《送达回执》、《履行行政处罚决定催告书》、《陈述申辩笔录》和《陈述（申辩）复核意见书》等文书，以及法院认为需要提供的其他相关材料。

（三）注意事项

（1）受行政处罚的单位和个人不履行行政处罚决定或者经行政复议或诉讼维持原处罚决定，受处罚人拒不执行的，作出行政处罚决定的药品监督管理部门应及时向人民法院申请强制执行，以避免发生当事人故意逃避法律制裁的现象。

（2）违法物品已经被药品监督管理部门采取扣押强制措施的，行政处罚决定予以没收，则应当视为已经执行，无需申请法院强制执行。

（3）申请强制执行的期限应当由原来执行最高人民法院《关于执行〈中华人民共和国行政诉讼法〉若干问题的解释》第八十八条规定的180日内，改为《行政强制法》第五十三条规定的，当事人申请行政复议或提起行政诉讼期限届满之日起3个月内。

（4）申请强制执行前应当履行催告程序，并在该文书中注明。

（5）该文书应当记录当事人的陈述和申辩意见和复核结论，如当事人放弃陈述、申辩权利应注明。

（6）该文书应当由行政机关负责人签名。

（7）加处罚款的数额不得超出金钱给付义务的数额。

五、行政处罚结案报告

（一）适用范围

《行政处罚结案报告》依据《药品监督行政处罚程序规定》第六十条制作，是行政处罚决定履行或执行后，报请主管领导批准结案填写的文书。

（二）范例及制作说明

1. 范例

中华人民共和国药品监督行政执法文书

行政处罚结案报告

案由：_____①_____

案件来源：_____②_____

被处罚单位：__③__ 法定代表人（负责人）：__④__

立案日期：___年___月___日 处罚日期：___年___月___日

处罚文书号：_____ 结案日期：___年___月___日

承办人：_____ 填写人：_____

处罚内容：⑤

执行结果：⑥

执行方式：1. 自动履行 2. 复议结案 3. 诉讼结案 4. 强制执行 5. 其他

归档日期：⑦ 　　　　档案归类：⑧ 　　　　保存期限：⑨

审批意见：⑩

主管领导签字：＿＿＿＿＿＿
年　　月　　日

注：本文书一式二联，第一联随卷存档，第二联上报。

2. 制作说明 ①应当按照《医疗器械监督管理条例》等法规的"罚则"及国家食品药品监督管理局行政规章中的规范用语填写。书写形式为：涉嫌＋具体违法行为＋案；②填写监督检查、举报投诉、检验机构检验、上级药品监管部门交办、下级药品监管部门报请查处、其他行政机关或其他药品监管部门移送、其他方式、途径披露等；③填写法人或其他组织全称或公民姓名；④法人选择填写法定代表人姓名，其他组织选择填写主要负责人姓名，公民则将此栏杠去；⑤填写处罚的方式、种类和幅度；⑥注明完全履行或者部分履行（部分履行需注明何种原因）；⑦填写日期；⑧填写药品监管行政处罚；⑨填写长期或 30 年；⑩由主管领导签署意见。

（三）注意事项

（1）立案日期为立案审批表主管领导签署的日期。结案日期为本文书主管领导签署同意结案的日期。

（2）承办人签字应当为 2 名以上执法人员。

思考题

1. 《行政强制法》实施后，给医疗器械行政处罚文书带来哪些变化？
2. 如何制作说理性医疗器械处罚决定书？

第四章

医疗器械行政许可文书

学习要点

了解药品监督管理部门目前实施的医疗器械行政许可项目。

熟悉医疗器械行政许可实施程序及各阶段的具体要求。

掌握医疗器械行政许可主要的文书种类及适用范围。

掌握医疗器械行政许可文书制作的基本要求和技能。

行政许可文书是行政机关依法实施行政许可的重要工具和载体，反映了行政许可活动的实施过程。行政许可文书的合法性，很大程度体现了行政许可行为的合法性。因此，规范使用行政许可文书，是保证行政机关依法行使行政许可权特别是保障行政许可程序合法的内在要求，也是保护行政许可相对人利益的重要途径。行政许可工作人员非常有必要掌握正确制作各类文书的基本要求和技能，努力提高文书制作质量，提高依法行政水平。

第一节　医疗器械行政许可项目

根据《行政许可法》规定，可以设定行政许可的法律规范有法律、行政法规、地方性法规和国务院发布的决定，省、自治区、直辖市人民政府规章只能设定临时性行政许可，部门规章和一般规范性文件不能设定行政许可。目前，药品监管部门实施的医疗器械行政许可事项，均由国务院《医疗器械监督管理条例》设定，实施主体分别为国家、省（区、市）及设区的市药品监管部门。按照法定权限的不同，将目前实施的医疗器械行政许可项目例举如下。

一、国家食品药品监督管理部门实施的医疗器械行政许可项目

项目名称	细化许可项目
首次进口医疗器械产品注册	已获得境外医疗器械上市许可的境外医疗器械首次注册
	未获得境外医疗器械上市许可的第一类境外医疗器械首次注册
	未获得境外医疗器械上市许可的第二、三类境外医疗器械首次注册

续表

项目名称	细化许可项目
首次进口医疗器械产品注册	境外医疗器械重新注册
	境外医疗器械注册证书变更
国产医疗器械产品注册	第三类医疗器械首次注册
	第三类医疗器械重新注册
	第三类医疗器械注册证书变更
医疗器械检测机构资格认可	医疗器械检测机构资格认可
医疗器械临床试验机构资格认定	医疗器械临床试验机构资格认定
第三类医疗器械中高风险医疗器械临床试用、临床验证审批	第三类医疗器械中高风险医疗器械临床试用、临床验证审批

二、各省（区、市）药品监督管理部门实施的医疗器械行政许可项目

项目名称	细化许可项目
第二类医疗器械产品注册	第二类医疗器械首次注册
	第二类医疗器械重新注册
	第二类医疗器械注册证书变更
第二、三类医疗器械生产许可	《医疗器械生产企业许可证》核发
	《医疗器械生产企业许可证》许可证事项变更
	《医疗器械生产企业许可证》换发
医疗器械广告审查批准	医疗器械广告批准文号核发

三、各设区市药品监督管理部门实施的医疗器械行政许可项目

项目名称	细化许可项目
第一类医疗器械产品注册	第一类医疗器械首次注册
	第一类医疗器械重新注册
	第一类医疗器械注册证书变更
第二、三类医疗器械经营许可	《医疗器械经营企业许可证》核发
	《医疗器械经营企业许可证》许可证事项变更
	《医疗器械经营企业许可证》换发

在《医疗器械监督管理条例》设定的行政许可范围内，国家食品药品监督管理部门制定相关的部门规章，对实施以上行政许可事项作出具体规定。目前与医疗器械许可密切相关的部门规章有：《医疗器械生产监督管理办法》（国家食品药品监督管理局令第12号）、《医疗器械经营企业许可证管理办法》（国家食品药品监督管理局令第15号）、《医疗器械注册管理办法》（国家食品药品监督管理局令第16号）、《医疗器械广

告审查办法》（卫生部令第65号）等。

根据《行政许可法》和医疗器械相关法规、规章的要求，药品监管部门在实施以上行政许可时，应当制作程序合法、格式规范、内容正确的行政许可文书，作为依法实施行政许可的法律凭证。

第二节　医疗器械行政许可实施程序及相关文书

行政许可的实施程序，是指行政许可实施过程及遵循的方式、步骤、时限和顺序。《行政许可法》规定了实施行政许可的一般程序，包括申请、受理、审查、决定以及听证、变更和延续等内容，这些环节都涉及行政许可文书的制作。依照《行政许可法》，将医疗器械行政许可实施程序与涉及的许可文书分为申请阶段、受理阶段、审查阶段、听证阶段、决定阶段和送达阶段等六个部分介绍。

（一）申请阶段

申请是指公民、法人或者其他组织（即申请人）向药品监管部门提出拟从事某项依法需要取得行政许可的医疗器械生产经营活动的意思表示。行政许可是依申请实施的行政行为，如果申请人没有提出申请，药品监管部门便无义务审查其意思表示，也不能擅自准许其从事该项活动。

药品监管部门应当将医疗器械行政许可的事项、依据、条件、数量、程序、期限以及需要提交的全部材料的目录对社会公布。申请人申请时应当如实提交所需的全部材料。材料应能反映真实情况，申请人对其材料实质内容的真实性负责。药品监管部门不得要求申请人提交与其申请的许可事项无关的技术资料和其他材料。

通常在提出行政许可申请时，申请人需填写药品监管部门预制的固定格式的《行政许可申请书》。由于不同行政许可法定条件不一，需要审查的内容各不相同，因此不同事项申请书的格式文本可能存在差异。药品监管部门应在办公场所公示申请书示范文本。申请人按照预定的格式填写后，与申请材料一并提交药品监管部门。

除依法应当由申请人到药品监管部门办公场所提出行政许可申请的外，申请人可以委托代理人提出许可申请。委托代理人提出申请的应提交申请人的《授权委托书》。

（二）受理阶段

受理是指药品监管部门对申请人提出的申请材料进行形式审查，并在规定期限内决定是否对其申请予以接受的过程。形式审查的内容主要包括以下几个方面：①申请事项依法是否不需要取得行政许可；②申请事项是否依法不属于本行政机关职权范围；③申请人是否按照法律、法规和规章等规定提交了符合规定数量、种类的申请材料；④申请材料是否符合规定的格式；⑤申请材料是否有明显的计算、书面错误等。

药品监管部门对于申请人提出的行政许可申请，应当根据下列情况分别作出处理：①申请事项依法不需要取得行政许可的，应当即时告知申请人不受理；②申请事项依法不属于本部门职权范围的，应当即时作出不予受理的决定，发给《不予受理行政许可申请通知书》，并告知申请人向有关行政机关申请；③申请材料存在可以当场更正的错误的，应当允许申请人当场更正；④申请材料不齐全或者不符合法定形式的，应当当场或者在 5 日内发给《申请行政许可材料补正告知书》，一次性告知需要补正的全部内容；逾期不告知的，自收到申请材料之日起即为受理；⑤申请事项属于本部门职权范围，申请材料齐全、符合法定形式，或者申请人按要求提交全部补正申请材料的，应当当场或者在申请人提交全部补正材料后发给《受理行政许可申请通知书》。

药品监管部门接收申请材料后，除当场作出不予受理决定的外，还应给申请人出具《行政许可申请材料接收凭证》。

（三）审查阶段

审查是指药品监管部门对已经受理的医疗器械行政许可申请材料的实质内容进行核查的过程。书面审查是审查行政许可申请最常用的方式；但是，根据法定条件和程序，需要对申请材料的实质内容进行现场（实地）核实的，药品监管部门应当指派 2 名以上工作人员进行现场核查。现场核查应当制作《现场核查笔录》，客观、详实记录现场情况。

在审查过程中，发现行政许可事项直接关系他人重大利益的，应当制作《行政许可陈述、申辩告知书》，告知该利害关系人享有陈述、申辩的权利。申请人、利害关系人进行陈述和申辩时，药品监管部门应当听取双方意见，形成《行政许可陈述、申辩记录》。

依法应当先经下级药品监管部门审查后报上级药品监管部门决定的行政许可，下级药品监管部门应当在法定期限内将初步审查意见和全部申请材料直接报送上级药品监管部门；依法需要检验、检测、检疫的，应当由负责实施检验、检测、检疫的机构根据法定条件或者相关技术标准、规范的要求，出具结论性意见；依法应进行鉴定或专家评审的，应当有鉴定结论或专家评审意见书。

除可以当场作出行政许可决定的外，药品监管部门应当在法定期限内作出行政许可决定。依法需要听证、检验、检测、检疫、鉴定和专家评审作出行政许可决定的，所需时间不计算在规定的期限内。行政机关应当制作行政许可特别程序告知书等文书，将所需时间书面告知申请人。在法定期限内不能作出决定的，应当制作《延期办理行政许可审批表》，经本机关负责人批准，可以延长 10 日。延期办理的药品监管部门应当将延期的理由告知申请人。

行政许可工作人员根据审查的结果，制作《行政许可审查意见书》，对行政许可申请是否符合法定条件和标准提出审查意见，报本机关负责人审批。

（四）听证阶段

在作出行政许可决定前，在必要的时候，药品监管部门须遵照公开、公正、民主的原则举行听证，给予当事人就重要事实陈述意见的机会。《行政许可法》规定需要听证的情形有：①法律、法规、规章规定实施行政许可应当听证的事项；②行政机关认为需要听证的其他涉及公共利益的重大行政许可事项；③行政许可直接涉及申请人与他人之间重大利益关系的。对于前两种情形，药品监管部门应当在举行听证 7 日前向社会发布《行政许可听证公告》，明确举行听证的时间、地点等内容；后一种情形，需要制作《行政许可听证告知书》，告知申请人、利害关系人享有要求听证的权利。申请人、利害关系人在被告知听证权利之日起 5 日内提出听证申请的，药品监管部门应当在 20 内组织听证。在举行听证的 7 日前，应制作《行政许可听证通知书》，告知申请人、利害关系人举行听证的时间、地点等内容，必要时予以公告。

听证应当公开举行。听证主持人应由审查该行政许可申请的工作人员以外的人员担任，申请人、利害关系人认为主持人与该行政许可事项有直接利害关系的，有权申请回避。审查该行政许可申请的工作人员应当提供审查意见的证据、理由，申请人、利害关系人可以提出证据，并进行申辩和质证。听证过程需制作《行政许可听证会笔录》，笔录交听证参加人确认无误后签字或者盖章。申请人、利害关系人及其他听证参加人不承担药品监管部门组织听证的费用。

（五）决定阶段

决定是指药品监管部门根据对医疗器械行政许可申请的审查结果，作出是否准予行政许可结论的过程。在作出行政许可决定前，一般由承办人员提出审查意见，经承办部门（指行政机关内设机构）负责人审核后报本机关负责人审批。药品监管部门应当在法定期限内作出是否准予行政许可的决定。申请人的申请符合法定条件、标准的，发给《准予行政许可决定书》；否则，发给《不予行政许可决定书》，说明不予许可的理由，并告知申请人享有依法申请行政复议或者提起行政诉讼的权利。

除作出准予（或不予）申请人从事某项医疗器械生产活动的决定外，药品监管部门还可依申请作出准予（或不予）原行政许可变更或者延续的决定，涉及的许可文书有《准予（不予）变更行政许可决定书》、《准予（不予）延续行政许可决定书》等；在某些情形下，非依被许可人的申请，药品监管部门可以依职权作出原行政许可的变更、撤回或者撤销等决定，此时需要制作《变更、撤回行政许可决定书》、《撤销行政许可决定书》等文书；行政许可依法终止的，或者依照被许可人的申请，药品监管部门注销原行政许可的，需要制作《注销行政许可决定书》。

药品监管部门作出的准予行政许可决定，应当予以公开，公众有权查阅。需要颁发行政许可证件的，应当在 10 日内向申请人颁发加盖本机关印章的行政许可证件。

（六）送达阶段

送达是指药品监管部门按照法定的程序和方式，将依法制作的行政许可文书（或证件）交付给行政许可当事人的行为。大部分的行政许可外部文书都需送达当事人，如《受理（不予受理）行政许可申请通知书》、《行政许可陈述、申辩告知书》、《行政许可听证告知书》、《行政许可听证通知书》、《延期办理行政许可通知书》、《准予（不予）行政许可决定书》等。行政许可文书的送达一般都有期限方面的规定，如《申请行政许可材料补正告知书》应当自接收申请材料起当场或者 5 日内送达申请人；《行政许可听证通知书》应当在举行听证 7 日前送达申请人、利害关系人；行政机关作出《准予行政许可决定书》，应当自作出决定之日起 10 日内送达申请人等。

送达方式可采取直接送达、邮寄送达、留置送达、转交送达、公告送达和其他方式送达等。行政许可文书一般应首先考虑直接送达的方式；在无法直接送达或者直接送达有困难的情况下，才考虑采取其他送达方式。文书送达时，由行政许可相对人或其委托代理人或者其他代收人签收。文书中未设签收栏的，应当制作《行政许可文书送达回证》，受送达人在送达回证上记明收到的日期并签名或盖章。一个送达回证只适用于一个送达事项。因受送达人拒绝接收或者拒绝签名、盖章，需采用留置送达方式的，须邀请到场见证人签名或者盖章；邮寄、公告送达的，须将有关邮寄凭证、公告原件等归档。

第三节　医疗器械行政许可文书制作规范

同其他行政执法文书一样，医疗器械行政许可文书是药品监管部门在从事医疗器械执法活动中制作的具有法律效力或法律意义的文书，在形式和内容上都有特定的要求。

一、行政许可文书的合法性要求

归纳来说，行政许可文书的合法性体现在制作主体合法、许可事项合法、法律依据合法和程序合法等四个方面。

（一）主体合法

（1）制作医疗器械行政许可文书的行政主体，应当是经法律、法规授权，依照法定权限实施行政许可的药品监管部门。

（2）若受上级药品监管部门委托实施医疗器械行政许可的，应有法律、法规或者规章的依据。委托机关应出具委托法律文书并公告受委托的机关和委托内容。

（3）具体实施行政许可的执法人员，必须是药品监管部门在编工作人员，持有合法有效的行政执法证件。

（4）文书应能体现行政许可主体身份。外部文书通常须加盖药品监管部门印章，或者指定的行政许可专用印章。印章应经合法备案，启用前须公布印章样式。

（二）许可事项合法

（1）文书记载的医疗器械许可事项，应有法律、法规设定的依据。事项名称的表述以对外公布的名称为准。

（2）行政许可事项必须现行有效，未被取消、归并或者调整。

（三）法律依据合法

（1）制作的文书应有法律依据，不得创设与法律规定不符或者与行政许可无关的文书种类、形式和内容。

（2）适用的法律、法规、规章及引用的条、款、项、目准确无误。

（3）依据技术规范、技术标准作出决定的，引用的技术规范、技术标准准确无误。

（四）程序合法

（1）实施行政许可应按照申请、受理、审查、（听证）、决定、送达的步骤进行。

（2）在形式上每一执法活动的内容、过程和结果都应当有相应的法律文书记载。

（3）具体实施环节行为方式上必须符合法定的要求。

二、行政许可文书制作的其他要求

行政许可文书通常有固定的文本格式，应当采用国际标准 A4 型纸印制后按格式填写。文书为手写的，应当使用钢笔（蓝黑墨水）或签字笔，不能用铅笔、圆珠笔或红水笔书写，做到字迹清楚、文面整洁。有条件的，可以按照规定的格式打印制作。

文书设定的栏目应当逐项填写，不得遗漏和随意修改。无需填写的，应当用斜线划去。文书中除编号、数量、落款日期等必须使用阿拉伯数字的外，一般应当使用汉字填写。使用的汉字、数字、外文字符、计量单位和标点符号等，按照有关国家标准和规定执行。文书采用公文语体叙述，语言规范、简明、严谨、平实，不得使用推测性或含义不清的词句。填写有误需作修改的，应当重新制作；重新制作有困难的，在修改处加盖药品监管部门印章或行政许可专用印章。文书首页不够填写的可附页记录，并标注页码。两联以上的文书可使用无碳复写纸印制，第一联留存归档。

文书的制作主体应当是有行政许可权限的药品监管部门。委托实施的行政许可事项，应当以委托机关的名义作出。行政许可主体应填写药品监管部门全称，文头、署名和印章单位名称一致。文书中的当事人为公民的，姓名应填写身份证或户口簿上的姓名，住址应填写常住地址或居住地址；当事人为法人或者其他组织的，填写的单位名称、法定代表人（负责人）、地址等事项应与《营业执照》（或《事业单位法人证书》）等核准登记、注册的信息相符，不得随意省略和使用代号。当事人名称前后应当一致。

接收凭证、核查笔录、陈述申辩笔录、听证笔录等文书，应当当场制作并交当事人阅读或者向当事人宣读，由当事人逐页签字、盖章或按手印确认。当事人认为文书内容无误的，应当在该文书上写明"以上材料无误"或者"以上笔录无误"字样，并签名注明日期。当事人发现文书有误的，可以要求修改，修改处由当事人签名、盖章或按手印确认。当事人要求做较大修改的，可以要求当事人在文书后另外书写，并签名确认。当事人拒绝签章或者拒不到场的，工作人员应当在文书中注明，并邀请在场的其他人员签字（陈述申辩笔录除外）。文书中盖章或按手印应当均为红色。

文书中的审核意见或者审批意见应简洁明确，没有歧义。文书中注明加盖印章的地方必须加盖印章，加盖印章应当清晰、端正。文书中要求签名或者注明日期的，由当事人或工作人员等亲笔签署，不得机打。

文书中标有"编号"的，应当编写编号。编号格式一般为：行政机关简称＋执法门类＋文书种类＋年份＋文书顺序号，如"×食药监械许受〔2012〕1号"，是指×××食品药品监督管理局2012年顺序号为1号的医疗器械行政许可受理文书。归档卷宗的编号为本案行政许可决定书或不予许可决定书的编号，没有行政许可决定书或不予许可决定书的，以最后处理结果文书的编号为归档卷宗的编号。同一卷宗内不同文书，一般按照同类文书制作时间的先后顺序编号。

三、医疗器械行政许可具体文书的适用和制作

目前，全国药品监管部门使用的医疗器械行政许可文书种类不尽统一，文本格式也存在一定差异。"范例"所举的28种文书样本，格式上考虑了不同医疗器械行政许可事项的"通用性"，学员在执法实践中可参考使用。

知识链接

黑龙江省行政许可文书范本

2008 年 7 月 4 日，根据《行政许可法》和《黑龙江省行政许可监督条例》，黑龙江省法制办制定了统一的《黑龙江省行政许可文书范本》，要求全省行政机关自 8 月 1 日起遵照执行。《范本》共提供了 31 种格式文本，现将目录列举如下：

一、行政许可申请书

二、申请行政许可材料清单

三、申请行政许可材料补正告知书

四、受理（不予受理）行政许可申请审批表

五、受理（不予受理）行政许可申请通知书

六、行政许可陈述、申辩告知书

七、延期办理行政许可审批表

八、延期办理行政许可通知书

九、行政许可听证公告

十、行政许可听证告知书

十一、行政许可听证通知书

十二、行政许可听证会笔录

十三、准予（不准予）行政许可决定审批表

十四、准予行政许可决定书

十五、不准予行政许可决定书

十六、准予（不准予）延续行政许可审批表

十七、准予延续行政许可决定书

十八、不准予延续行政许可决定书

十九、准予（不准予）变更行政许可申请表

二十、变更行政许可决定书（用于被许可人申请变更的）

二十一、变更行政许可决定书（用于行政许可机关依职权变更的）

二十二、不准予变更行政许可决定书

二十三、撤回行政许可审批表

二十四、撤回行政许可决定书

二十五、撤销行政许可审批表

二十六、撤销行政许可决定书

二十七、注销行政许可审批表

二十八、注销行政许可决定书

二十九、行政许可办结报告

三十、行政许可文书送达回证

三十一、办理行政许可（审批）事项登记表

（一）授权委托书

1. 适用范围　《授权委托书》依据《行政许可法》第二十九条第二款制作，是指行政许可申请人委托他人提出行政许可申请的，确定委托权限并证明委托关系时使用的文书。该文书属于推荐使用的文书，行政机关可制定格式文本供申请人使用，申请人也可使用其他清楚表明委托关系和权限的文书。

2. 范例

授权委托书

委托人：　滨海市健达医疗器械有限公司①

　　地址：　滨海市上城区腾飞路 10 号　②

　　联系电话：　0123－86866666　　邮编：　32××××

　　身份证号码（个人）：＿＿＿＿＿＿＿／＿＿＿＿＿＿③

　　法定代表人或负责人（单位）：　李大鹏　④

　　受委托人：　王小华　⑤

　　地址：　滨海市上城区腾飞路 25 号

　　联系电话：　13000055755　　邮编：　32××××

　　身份证号码（个人）：　33030219680606×××

　　法定代表人或负责人（单位）：＿＿＿＿＿／

　　现授权上述受委托人作为我（单位）代理人，委托办理　第二类医疗器械产品刀头清洁片（6801 基础外科手术器械）首次注册⑥　行政许可事宜。委托期限：自 2012 年 7 月 5 日至 2012 年 12 月 31 日。

　　　　　　　　　　　　　　　　　　委托人（签名或签章）：李大鹏⑦

　　　　　　　　　　　　　　　　　　滨海市健达医疗器械有限公司（印章）

　　　　　　　　　　　　　　　　　　2012 年 7 月 10 日 ⑧

---

3. 填写说明　①填写委托人名称。委托人为个人的，填写该自然人姓名；委托人为单位的，填写依法注册登记的单位全称；②委托人为个人的，填写该自然人常住地址或居住地址；委托人为单位的，填写依法注册登记的地址；③委托人为单位的，该栏画"/"；④委托人为单位的，填写单位主要负责人；委托人为个人的，该栏画"/"；⑤受委托人为个人的，填写该自然人姓名；受委托人为单位的，填写依法注册登记的单位全称；⑥填写依法公布的行政许可事项名称；有细化项目的，应具体到细化项目；⑦委托人为个人的，由该自然人签名；委托人为单位的，由单位法定代表人签名（或签章）。签名（或签章）应有落款日期；⑧委托人为单位的，应有委托单位署名，并加盖单位印章。

4. 注意事项　①《授权委托书》具有一定的法律意义，但行政机关并非其制作主体，因而不属于行政执法文书的范畴；②受委托人如果为个人的，应当是完全民事行为能力人；③超出委托权限和委托期限的，受委托人不再有代理权；④受委托人提交授权委托书时应当一并提交可以证明其身份的证明文件、证件的原件及复印件。

（二）《行政许可申请书》

1. 适用范围　《行政许可申请书》依据《行政许可法》第二十九条第一款制作，适用于公民、法人或者其他组织拟从事某项依法需要取得行政许可的特定活动，向行政机关提出意思表示时使用的文书。

2. 范例

行政许可申请书 ①

申请人姓名：＿＿／＿＿　身份证号码：＿＿／＿＿　住址：＿＿／＿＿

所在单位：＿／＿　电话：＿／＿　邮编：＿／②

申请单位名称：滨海市健达医疗器械有限公司　法定代表人（或负责人）姓名：李大鹏

地址：滨海市上城区腾飞路 10 号　电话：86866666　邮编：32×××③

行政许可申请事项：第二类医疗器械产品刀头清洁片（6801 基础外科手术器械）重新注册④

申请事实和理由：我公司 2012 年 7 月 20 日取得江南省食品药品监督管理局核发的第二类医疗器械刀头清洁片《医疗器械注册证》（注册号：江食药监械（准）字 2012 第 2010011 号）。因 2012 年 8 月 20 日公司生产地址由滨海市上城区腾飞路 10 号变更到上城区人民路 111 号，根据国家食品药品监督管理局《医疗器械注册管理办法》第三十四条的规定，现提出地址变更重新注册申请。⑤

附件：申请行政许可材料清单 ⑥

我（单位）对申请材料实质内容的真实性负责，并对此承担法律责任。⑦

申请人（签名）：李大鹏

滨海市健达医疗器械有限公司（印章）⑧

2012 年 8 月 30 日

附件：

申请行政许可材料清单⑨

序号	材料名称	页数	数量	备注
1	《医疗器械生产企业许可证》、《营业执照》	3～4	2 份	复印件
2	原《医疗器械注册证》、《医疗器械注册登记表》	5～6	2 份	原件与复印件。复印件一式二份
3	产品注册型式检测报告	7～11	2 份	
4	产品执行标准及编制说明	12～16	2 份	
5	产品质量跟踪报告	17～18	2 份	
6	产品使用说明书	19～20	2 份	
7	质量体系考核（认证）的有效证明文件	21～22	2 份	
8	其他需要说明的情况和证明文件	23～25	2 份	

续表

序号	材料名称	页数	数量	备注
9				
10				

行政许可申请人	申请人（签名）：李大鹏 滨海市健达医疗器械有限公司 （印章） 2012 年 8 月 30 日
行政许可受理机关	承办人（签名）：谢小蓉 2012 年 8 月 30 日

3. 填写说明 ①本范例提供的格式文本可以作为行政许可事项"通用性"的参考文本。由于医疗器械行政许可事项往往需要申请人提供比较具体的信息内容，在申请书中无法填写时可以设制附表补充。②申请人为个人时，填写相关信息内容，否则相关栏目均画"/"。③申请人为单位时填写，申请人为个人的无需填写相关栏目。④填写行政许可事项的名称，具体到细化项目。⑤填写事由和法律依据等。⑥申请行政许可材料目录，可以在申请书中罗列，由申请人根据实际提交的材料进行勾选，也可以另附清单。⑦依照《行政许可法》，申请人不得提交虚假内容的材料。一般申请书中有申请人对材料真实性负责的承诺。⑧申请书应由申请人或其委托代理人签字。申请人为单位的，还应有申请单位署名和印章。⑨申请人按实际提交的材料填写《材料清单》，写明材料名称和份数等，原件或复印件及其他说明可在"备注"栏注明。

4. 注意事项 ①《行政许可申请书》制作主体为行政许可申请人，因而也不属于行政执法文书的范畴。②在医疗器械行政许可实践中，药品监管部门一般都有预制的特定格式的申请书文本供申请人填写。如第二、三类医疗器械生产许可，《医疗器械生产监督管理办法》中设定了《医疗器械生产企业许可证（开办）申请表》、《医疗器械生产企业许可证（变更）申请表》、《医疗器械生产企业许可证（换发）申请表》等格式文本，供当事人申请时填写。③委托代理人提出行政许可申请的，应同时提交申请人的《授权委托书》。④行政许可工作人员接收申请材料时，核对实际提交的材料是否与清单里的材料目录相符，不相符的应允许更正（或补充）。

（三）《行政许可申请材料接收凭证》

1. 适用范围 《行政许可申请材料接收凭证》是指行政机关工作人员接收申请人提交的申请材料后，当场开具给申请人作为接收凭证的文书。

2. 范例

行政许可申请材料接收凭证

江食药监许收［2012］156 号①

滨海市健达医疗器械有限公司②：

你（单位）　2012　年　8　月　30　日向本机关提交的关于　第二类医疗器械产品刀头清洁片　（6801 基础外科手术器械）重新注册　③　行政许可申请材料清单如下：④

序号	材料名称	数量	备注
1	《行政许可申请书》	2 份	
2	《医疗器械生产企业许可证》、《营业执照》	2 份	复印件
3	原《医疗器械注册证》、《医疗器械注册登记表》	2 份	原件与复印件。复印件一式二份
4	产品注册型式检测报告	2 份	
5	产品执行标准及编制说明	2 份	
6	产品质量跟踪报告	2 份	
7	产品使用说明书	2 份	
8	质量体系考核（认证）的有效证明文件	2 份	
9	其他需要说明的情况和证明文件	2 份	
10			

收件人（签名）：谢小蓉⑤

江南省食品药品监督管理局（印章）⑥

2012 年 8 月 30 日

申请人签收（签名）：李大鹏⑦

2012 年 8 月 30 日

本文书一式两份，一份送当事人，一份行政机关存档。

3. 填写说明　①填写文书的年内编号。"江食药监"为行政许可机关简称，"许收"代表文书种类，"［2012］"为年份，"156"为该类文书的年内顺序号；②填写申请人名称，应与提出医疗器械许可申请的当事人名称保持一致；③按申请人提出的行政许可事项名称和内容填写；④按申请人实际提交的申请材料填写，应写明材料名称和份数等，原件或复印件可在"备注"栏标明；⑤由接收材料的行政许可工作人员签名；⑥文书应有行政许可机关署名并注明日期，加盖行政机关印章（或行政许可专用章，下同）；⑦由申请人或其委托代理人签名，并注明接收该文书的日期。

4. 注意事项　①接收的材料为复印件的，一般需与原件核对后，在复印件上加盖"与原件相符"字样；②接收凭证应由收件人和申请人（或其代理人）双方签字；③参照 2012 年 4 月 16 日中共中央办公厅、国务院办公厅印发的《党政机关公文处理工作条例》规定，一般在行政许可文书中加入"行政许可机关署名"的内容，文书落款日期中的数字统一用阿拉伯数字表述。

（四）《申请行政许可材料补正告知书》

1. 适用范围　《申请行政许可材料补正告知书》依据《行政许可法》第三十二条第一款第四项制作，适用于行政许可机关在对申请材料审查时，发现材料不符合法定形式或者提交的材料不齐全，告知申请人补正或者重新提交有关材料的文书。

2. 范例

申请行政许可材料补正告知书

江食药监许补〔2012〕30 号①

___滨海市健达医疗器械有限公司②___：

　　你（单位）于___2012___年___7___月___10___③日提出的___第二类医疗器械产品刀头清洁片（6801 基础外科手术器械）首次注册④___行政许可申请收悉，经审查，需要补正下列材料：⑤

序号	材料名称	数量	备注
1	《行政许可申请书》	2 份	原提交的申请书未按规定格式填写
2	产品注册型式检测报告	2 份	未提交
3			
4			
5			
6			
7			

承办人（签名）：谢小蓉

江南省食品药品监督管理局

（印章）

2012 年 7 月 12 日

本文书一式两份，一份送当事人，一份行政机关存档。

3. 填写说明　①文书种类可用"许补"表示，按照该类文书年内顺序号编号；②填写申请人全称；③填写申请人提出行政许可申请的时间，以药品监管部门接收材料的时间为准；④填写具体申请的行政许可事项名称和内容；⑤填写具体需要补正的材料名称和数量，必要时说明理由。

4. 注意事项　①需要补正的全部内容应一次性告知。告知书当场或者在接收材料5 日内送达当事人；逾期不告知的，自接收材料之日起即视为受理；②一般对申请人提交补正材料的期限未作硬性要求，但可以提示申请人提交的合理期间；③"材料补正告知书"未设签收栏的，在送达申请人时，应另行制作"送达回证"。

（五）《受理行政许可申请通知书》

1. 适用范围　《受理行政许可申请通知书》依据《行政许可法》第三十二条第一款第五项及第二款制作，是指行政机关经对申请材料审查，认为申请事项属于本行政机关职权范围，申请材料齐全、符合法定形式，或者申请人按照要求提交全部补正材料的，作出受理行政许可申请的决定并告知申请人的文书。

2. 范例

受理行政许可申请通知书

江食药监许受［2012］130 号①

__滨海市康达医疗器械有限公司__ ：

　　你（单位）于__2012__年__7__月__10__②日向本机关提出的__第二类医疗器械产品刀头清洁片__（6801 基础外科手术器械）首次注册__行政许可申请收悉。经审查，符合法定受理条件，根据《中华人民共和国行政许可法》第三十二条的规定，决定予以受理，本机关将在法定期限内作出行政许可决定。

联系人：谢小蓉联系　　　　　　　　电话：0123－88888888

江南省食品药品监督管理局（印章）

2012 年 7 月 13 日

本文书一式两份，一份送当事人，一份行政机关存档。

3. 填写说明　①文书种类可用"许受"表示，按照该类文书年内顺序号编号；②填写申请人提出行政许可申请的时间，以药品监管部门接收材料的时间为准。

4. 注意事项　①"通知书"应有明确的予以受理的意见；②"通知书"未设签收栏的，在送达申请人时，应另行制作"送达回证"。

（六）《不予受理行政许可申请通知书》

1. 适用范围　《不予受理行政许可申请通知书》依据《行政许可法》第三十二条第一款第二项及第二款制作，是指行政机关经对申请材料审查，认为申请人提出的申请事项依法不属于本行政机关职权范围时，作出不予受理行政许可申请的决定并告知申请人的文书。

2. 范例

不予受理行政许可申请通知书

滨食药监许不受［2012］10 号①

__滨海市健达医疗器械有限公司__ ：

　　你（单位）于__2012__年__7__月__3__日向本机关提出的__医疗器械产品刀头清洁片__（6801 基础外科手术器械）首次注册__行政许可申请收悉。经审查，因__你单位申请注册的产品适用于外科手术，为无菌产品，按照《国家食品药品监督管理局关于胶原蛋白软骨载体等产品分类界定的通知》

（国食药监械〔2008〕251号）规定，作为第二类医疗器械管理。依照《医疗器械监督管理条例》第八条第三款规定，第二类医疗器械产品注册行政许可权限在省、自治区、直辖市（食品）药品监督管理部门，建议向江南省食品药品监督管理局提出申请②　根据《中华人民共和国行政许可法》第三十二条规定，决定对你（单位）提出的申请不予受理。

你（单位）对本决定不服，可以在收到本决定书之日起60日内向　滨海市人民政府或者江南省食品药品监督管理局③　申请行政复议，或者在3个月内直接向　滨海市上城区人民法院④　提起行政诉讼。

联系人：陈舒　　　　　　　联系电话：0123－86867777

滨海市食品药品监督管理局（印章）
2012年7月3日

本文书一式两份，一份送当事人，一份行政机关存档。

3. 填写说明　①文书种类可用"许不受"表示，按照该类文书年内顺序号编号；②填写不予受理的理由和法律依据，以及其他审查意见；③告知可向申请行政复议的机关。可以是作出本通知书的药品监管部门同级人民政府，也可以是上一级药品监管部门；④告知可向提起行政诉讼的机关，应是具有管辖权的人民法院。

4. 注意事项　①"通知书"应有明确的不予受理的意见，及作出不予受理决定的依据；②作出不予受理的决定，必须告知申请人依法享有的权利，明确法律救济的途径；③"通知书"未设签收栏的，在送达申请人时，应另行制作"送达回证"。

（七）《现场核查笔录》

1. 适用范围　《现场核查笔录》依据《行政许可法》第三十四条第三款制作，是指根据法定条件和程序，行政机关在对申请材料的实质内容进行实地核查时制作的文书。

2. 范例

现场核查笔录

时间：2012年10月22日14时25分至10月22日16时30分①
地点：　滨海市健达医疗器械有限公司生产地址（滨海市上城区人民路111号）②
事由：　第二、三类医疗器械生产企业许可证换发现场核查③
核查人员：　肖克、李林④　记录人：　李林
所在单位：　江南省食品药品监督管理局
被核查人（单位）：　滨海市健达医疗器械有限公司⑤
身份证号码（个人）　　／　　法定代表人（或负责人）　李大鹏
地址　滨海市上城区腾飞路10号　电话　××××－86866666　邮编　32××××
核查人员：我们是　江南省食品药品监督管理局　工作人员　肖克、李林　，这是我们的工作证

件，名称和编号是：＿＿《江南省行政执法证》，江 D123456、江 D123457＿＿。现就你（单位）提出的
＿＿第二、三类医疗器械生产企业许可证换发＿＿行政许可申请进行实质性核查，请予配合。

××××××××××××

×××× ×××× ×××× ⑥

被核查人意见及签章：以上情况属实。李大鹏 2012 年 10 月 22 日（印章）⑦

核查人签章：肖克　李林　　　2012 年 10 月 22 日 ⑧

　　　　　　　　　　　　　　　　　　第 1 页 共 2 页

（照片、绘图附后；不够可续页）

××××××××××××

×××× ×××× ××××

被核查人意见及签章：以上情况属实。李大鹏 2012 年 10 月 22 日（印章）

核查人签章：肖克　李林　　　　2012 年 10 月 22 日

　　　　　　　　　　　　　　　　　第 2 页 共 2 页 ⑨

（照片、绘图附后；不够可续页）

3. 填写说明　①填写核查的起止时间，具体到年月日时分；②填写现场核查的实际地址；③填写现场核查的原因，一般填写具体行政许可申请；④核查人员不得少于 2 人；⑤填写申请人全称；⑥记录现场核查的实际情况，应当详细、具体，并有明确的核查意见。在医疗器械许可实践中，为便于核查和记录，可以将许可事项的法定条件和标准以表格式印制，核查人员在表格相应的空白处记录现场情况；⑦由被核查人现场陪同人员阅读笔录后签署意见和姓名，并注明日期。被核查人为单位的还应加盖单位印章；⑧签字人员应与首部标注的核查人员一致，不得漏签或代签。

4. 注意事项　①依据医疗器械法规和规章的规定，在对许可申请审查时有现场核查要求的，药品监管部门应当指派工作人员进行实地核查；②现场核查应围绕法定条件和标准展开，检查内容全面、深入。如第二、三类医疗器械生产企业许可证换发，应按照《医疗器械生产监督管理办法》及国家药品监管部门颁布的医疗器械生产质量管理规范规定的条件进行审查；③笔录应当客观、详实，并有明确的核查意见；④笔

录内容较多时可续页记录，每页都应有核查人员和被核查人签名。

（八）《行政许可陈述申辩告知书》

1. 适用范围　《行政许可陈述申辩告知书》依据《行政许可法》第三十六条制作，是指行政机关在审查行政许可申请时，发现许可事项直接关系他人重大利益，告知申请人或者利害关系人享有陈述、申辩权利时使用的文书。

2. 范例

行政许可陈述申辩告知书

江食药监许辩告〔2012〕1 号①

　江南奥翔医疗科技有限公司②　　　：

　　滨海市健达医疗器械有限公司　于　2012　年　10　月　20　日提出的　第二类医疗器械××××产品（6821 医用电子仪器设备）首次注册③　行政许可申请，我机关已受理。经审查，该申请可能与你（单位）有直接重大利益关系。根据《中华人民共和国行政许可法》第三十六条的规定，你（单位）有权进行陈述和申辩。

　　请在收到本告知书之日起 5 日内到本机关进行陈述、申辩；逾期不到的，视为放弃陈述、申辩权。

　　本机关地址：滨海市上城区人民路东池巷 21 号
　　联系人：舒畅　　　　　　　联系电话：0123 – 88888888

江南省食品药品监督管理局
（印章）
2012 年 11 月 5 日

　　本文书一式多份，一份行政机关存档，其余送申请人、利害关系人。

3. 填写说明　①文书种类可用"许辩告"表示，按照该类文书年内顺序号编号；②填写行政许可利害关系人全称，有多个利害关系人的要逐个填写；③填写行政许可事项及具体内容。

4. 注意事项　①行政机关发现行政许可事项直接关系第三人重大利益的，应当在合理的期限内及时告知利害关系人，并给予申请人、利害关系人充分表达自己意见并为自己辩解的机会；②行政机关在对行政许可申请从初步审查直到作出行政许可决定前，只要发现行政许可直接关系第三人的利益，都应当及时告知申请人和利害关系人；在此期间内，申请人、利害关系人也都有权向行政机关进行陈述和申辩。③听取陈述和申辩的主体应是审查行政许可申请的工作人员，听取的方式既可以是书面的，也可以是口头的；④充分听取申请人、利害关系人的陈述、申辩并形成记录。行政机关听取意见后，还可以自行调查取证，并据此作出许可决定。

（九）《行政许可陈述申辩笔录》

1. 适用范围　《行政许可陈述申辩笔录》依据《行政许可法》第三十六条制作，是指行政机关在办理直接关系他人重大利益的行政许可申请过程中，对申请人、利害关系人陈述、申辩意见进行记录的文书。

2. 范例

行政许可陈述申辩笔录

时间：＿2012＿年＿11＿月＿6＿日＿14＿时＿15＿分至＿11＿月＿6＿日＿15＿时＿30＿分①

地点：＿江南省食品药品监督管理局405室②

事由：＿滨海市健达医疗器械有限公司申请的第二类医疗器械×××产品注册行政许可，可能直接关系到当事人的重大利益③

工作人员：＿肖克、李林④＿　记录人：＿李林＿

所在单位：＿江南省食品药品监督管理局＿

陈述申辩人（个人）：＿／＿　身份证件种类及号码：＿／＿

地址：＿／＿　电话：＿／＿

邮编：＿／＿

陈述申辩人（单位）：＿江南奥翔医疗科技有限公司＿　法定代表人（或负责人）：＿李华＿

出席人：＿陈玲＿　身份证件种类及号码：＿身份证，33030219751009×××＿

所在单位：＿江南奥翔医疗科技有限公司＿　职务：＿总经理＿

地址：＿滨海市上城区中山街12号＿　电话：＿86661556＿　邮编：＿32××××＿

×××××××××××，

×××××××××××。

陈述申辩人意见及签字：以上笔录我看过，与本人所述一致。陈玲

2012年11月6日⑤

记录人签字：李林　　　　2012年11月6日

工作人员签字：肖克　李林　　　　2012年11月6日⑥

第 1 页 共 1 页

3. 填写说明　①填写听取陈述、申辩的起止时间，具体到年月日时分。②填写听取陈述、申辩的实际地址。③填写听取陈述、申辩的原因。④应是审查行政许可申请

的工作人员，不得少于 2 人。⑤由陈述申辩人阅读后签署意见。对笔录没有异议的，意见中应有"以上笔录无误"或者"记录属实"字样。笔录有多页的，陈述、申辩人需逐页签名或盖章，并注明日期。⑥听取陈述、申辩的签字人员应与首部标注的工作人员一致，不得漏签或代签。笔录有多页的，也应逐页签名。

4. 注意事项 ①陈述、申辩笔录为综合叙述式的文书，以记录当事人的陈述、申辩内容为主。行政许可工作人员应充分听取申请人、利害关系人双方的意见；②当事人委托陈述申辩人的，应当出具当事人的委托书；③行政许可工作人员根据需要，可以在当事人陈述、申辩后，继续询问有关情况或者调查取证；④笔录可作为行政许可决定的参考依据。

（十）《行政许可听证公告》

1. 适用范围 《行政许可听证公告》依据《行政许可法》第四十六条制作，是指行政机关认为申请事项涉及公共利益或者根据法律、法规、规章规定应当举行听证的，行政机关告知不特定对象听证权利时使用的文书。

2. 范例

行政许可听证公告

江食药监许听公〔2012〕1 号

江南奥翔医疗科技有限公司于 2012 年 7 月 10 日提出×××××行政许可申请，经审查，生产活动过程可能影响生态环境。我局认为该申请事项可能涉及公共利益，需要听证。根据《中华人民共和国行政许可法》第四十六条的规定，拟举行听证会。

一、听证会时间、地点和方式

时间：2012 年 7 月 30 日上午 9 时

地点：江南省食品药品监督管理局 3 楼 1 号会议室

方式：公开举行

二、听证内容

1. 生产×××产品可能对生态环境的影响；

2. 对江南奥翔医疗科技有限公司×××××行政许可申请的意见。

三、申请参加听证会的方法

公民、法人和其他组织，如申请参加该听证会，可在 2012 年 7 月 27 日前，通过电子邮件、信件或者传真向我局提出申请。

申请的内容包括：申请人姓名、年龄、身份证号码、工作单位、通讯地址及邮政编码、电话、传真、电子邮箱；申请人为法人或其他组织的，申请内容包括该法人或组织的名称、地址以及代表该法人或组织参加听证会的人员姓名、年龄、职务和详细联系方法。

四、联系方式

我局通讯地址：滨海市上城区人民路东池巷 21 号

邮政编码：×××××

联系电话：（0123）88888888

联系传真：（0123）88888889

电子邮箱：jiangnan@ sfda. gov. cn

五、注意事项

在参加听会前，请作好以下准备：

1. 携带有关证据材料；

2. 可通知有关专家或者证人到场作证；

3. 委托代理人参加的，须提前办理委托代理手续。

江南省食品药品监督管理局（印章）

2012 年 7 月 20 日

3. 注意事项　①文书中应有行政机关选择发布听证公告的理由，可以是法律、法规、规章规定应当举行听证的，也可以是行政机关认为行政许可事项可能涉及公共利益、有必要举行听证的。除此之外的行政许可听证不必采取向社会公告的形式；②可能涉及公共利益应当举行听证但是没有听证的，行政机关必须附相关说明，阐明不举行听证的具体理由及证据材料；③行政机关发布公告的时间应当于举行听证 7 日前；④给予要求听证的单位或者个人登记的时限不得少于 5 日。

（十一）《行政许可听证告知书》

1. 适用范围　《行政许可听证告知书》依据《行政许可法》第四十七条制作，是指行政机关对于直接涉及申请人与他人之间重大利益关系的行政许可，在作出行政许可决定前，告知申请人、利害关系人享有要求听证权利使用的文书。

2. 范例

行政许可听证告知书

江食药监许听告 ［2012］ 1 号①

　　江南奥翔医疗科技有限公司②　　：

　　滨海市健达医疗器械有限公司③　于　2012　年　10　月　20　日提出的　第二类医疗器械×××产品（6821 医用电子仪器设备）首次注册④　行政许可申请，本机关已依法受理。经审查，可能直接涉及申请人与你（单位）之间重大利益关系。依据《中华人民共和国行政许可法》第四十七条的规定，你（单位）依法享有要求听证的权利。如要求举行听证，请在收到本告知书之日起五日内向本机关提出申请，并提供联系电话、通讯地址、邮政编码。逾期不申请的视为放弃要求听证的权利。

组织听证的费用由本机关承担。

特此告知。

本机关地址：滨海市上城区人民路东池巷 21 号

联系人：舒畅　　　　　　　　　　联系电话：0123 – 88888888

江南省食品药品监督管理局

（印章）

2012 年 11 月 10 日

本文书一式多份，一份行政机关存档，其余送当事人（一人一份）。

3. 填写说明　①文书种类可用"许听告"表示，按照该类文书年内顺序号编号；②填写相关利害关系人，有多个利害关系人的需逐个填写；③填写行政许可事项申请人的名称；④填写行政许可事项及具体内容。

4. 注意事项 ①听证告知书通常用来告知行政许可利害关系人依法享有的权利。但在行政许可过程中申请人作为承受不利影响的一方时，申请人也可作为被听证告知的对象。②被告知的对象可能是一人，也可能是多人。③申请人、利害关系人要求举行听证的，应在被告知听证权利之日起 5 日内提出书面申请。除非遇有不可抗力或者有正当的理由，申请人、利害关系人在被告知后 5 日内未提出申请的，视为放弃听证。④应当告知申请人、利害关系人不承担行政机关组织听证的费用。

（十二）《行政许可听证通知书》

1. 适用范围 《行政许可听证通知书》依据《行政许可法》第四十八条第一款第一项制作，是指行政许可申请人、利害关系人提出听证申请的，行政机关将举行听证的时间、地点等内容通知申请人、利害关系人使用的文书。

2. 范例

行政许可听证通知书

江食药监许听通 ［2012］1 号 ①

___江南奥翔医疗科技有限公司，滨海市健达医疗器械有限公司 ②___ ：

应 ___江南奥翔医疗科技有限公司③___ 的要求，本机关决定就 ___滨海市健达医疗器械有限公司申请第二类医疗器械×××产品注册 ④___ 事项举行听证。根据《中华人民共和国行政许可法》第四十八条第一款第一项的规定，现将有关事项通知如下：

听证时间：___2012 年 12 月 1 日 9 时 30 分___；

听证地点：___江南省食品药品监督管理局三楼会议室___；

听证主持人姓名：___张小虎___；

听证记录人姓名：___陈双___；

请你（你单位）携带有关文件和证据材料准时参加。无正当理由不参加的，视为放弃听证权利。

你（你单位）在听证时，享有下列权利：

①放弃听证；②认为听证主持人与该行政许可事项有直接利害关系的，申请其回避；③委托律师或者其他人员代为参加听证；④在听证会上对行政许可涉及的事实、适用法律及有关情况进行陈述和申辩；⑤在听证会上对行政许可工作人员提出的证据进行质证或者提出新的证据；⑥在听证会结束作最后陈述。

你（你单位）在听证时，需履行下列义务：

①遵守听证会纪律；②如实回答听证主持人的询问；③申请有关人员回避，必须说明申请回避的理由；④委托他人代为参加听证的，必须在听证会举行前向听证机关提交委托代理人的身份证明和由当事人签名或者盖章的委托代理书。

本机关地址：滨海市上城区人民路东池巷 21 号

联系人：舒畅　　　　　　　　联系电话：0123 – 88888888

江南省食品药品监督管理局（印章）

2012 年 11 月 20 日

本文书一式多份，一份行政机关存档，其余送听证参加人。

3. 填写说明 ①文书种类可用"许听通"表示，按照该类文书年内顺序号编号；②填写应当参加听证会的当事人；③填写提出听证申请的当事人；④填写行政许可申请人和行政许可事项名称。

4. 注意事项 ①申请人或利害关系人在规定时间内提出听证申请的，行政机关应当在20内组织听证；②通知书应在举行听证7日前送达申请人、利害关系人，必要时予以公告；③行政机关应当指定审查该行政许可申请的工作人员以外的人员为听证主持人，申请人、利害关系人认为主持人与该行政许可事项有直接利害关系的，有权申请回避；④听证应当公开举行；⑤举行听证时，审查该行政许可申请的工作人员应当提供审查意见的证据、理由，申请人、利害关系人可以提出证据，并进行申辩和质证；⑥听证应当制作笔录，听证笔录应当交听证参加人确认无误后签字或者盖章。

（十三）《行政许可听证笔录》

1. 适用范围 《行政许可听证笔录》依据《行政许可法》第四十八条第一款第五项制作，是指行政机关对组织的行政许可听证全过程真实完整的记录。

2. 范例

行政许可听证会笔录

事由： 江南奥翔医疗科技有限公司认为滨海市健达医疗科技有限公司申请第二类医疗器械××××产品注册，与其有直接的重大利益关系，要求举行听证 。

起止时间： 2012年12月1日9时30分至12月1日11时15分

地点： 江南省食品药品监督管理局三楼会议室

主持人： 张小虎 所在单位： 江南省食品药品监督管理局

听证员： 舒畅 所在单位： 江南省食品药品监督管理局

记录员： 陈双 所在单位： 江南省食品药品监督管理局

行政许可申请人： 滨海市健达医疗科技有限公司 法定代表人（或负责人）： 李大鹏

委托代理人： 王小华

利害关系人： 江南奥翔医疗科技有限公司

法定代表人（或负责人）： 李华

委托代理人： 陈玲

行政许可审查人员： 肖克、李林

听证记录：

一、听证主持人核对、介绍参加人员并告知权利

听证主持人宣布：听证会现在开始。先核对听证参加人身份（略）。关于滨海市健达医疗器械有限公司申请第二类医疗器械××××产品注册一案，本机关受理申请人（或利害关系人）×××要求听证的申请后，依法指定×××为听证主持人，×××为听证员，×××担任记录员，根据有关法律规定，现决定公开（涉及国家秘密、商业秘密、个人隐私的不公开）举行听证会。

申请人、利害关系人在听证中享有下列权利：①有权放弃听证；②有权申请听证主持人回避，但必须说明理由；③有权对本案涉及的事实、适用法律和有关情况进行陈述和申辩；④有权对本案调查

人员提出的证据进行质证或者提出新的证据；⑤在听证会结束前，有权陈述最后意见。请问，你（你们）听清了没有？

申请人或利害关系人：听清了（有时可能未听清楚）。

听证主持人问：申请人、利害关系人是否申请回避？

申请人或利害关系人答：不申请回避（或者申请回避）。

二、行政许可审查人员提出审查意见

听证主持人：现在由该行政许可审查人员×××提出审查意见。

行政许可审查人员：____年____月____日，××（申请人）向我局提出关于办理××行政许可的申请，经我们依法审查（有的许可要进行实地核查），认为××（即申请事项）不符合法定条件（法定标准），有充分的证据证明（可记录证据①、证据②……）。根据××法（或××条例或××规章）××条的规定，拟作出不予许可的决定。（符合法定条件或标准的记录："拟作出准予行政许可的决定"）

三、申请人进行申辩、质证

听证主持人：现在由申请人进行申辩和质证。

申请人：（就他提出的申请事项，提出证据、理由、依据，记录人员要分项记录清楚，证据较多时要逐项记录。）

四、利害关系人进行申辩、质证

听证主持人：现在由利害关系人进行申辩和质证。

利害关系人：（就申请事项，认定他的合法权益可能受到影响而提出意见、理由、依据，不同意行政机关给申请人办理行政许可，对此记录人员要逐项记录。）

五、听证参加人确认听证笔录

听证主持人：请申请人、利害关系人作最后陈述。

最后陈述完毕，听证主持人：听证笔录现已形成，请各位听证参加人核对并签字。

（随即由听证主持人、行政许可审查人员、记录员、申请人、利害关系人签名，有的行政许可事项，还要由翻译人员、鉴定人员等签名。）

---

3. 填写说明　听证笔录应包含的内容有：申请事项、申请人、利害关系人、委托代理人、时间、地点、听证方式、听证主持人、记录人、听证内容等。听证的起止时间应具体到时、分；听证方式应说明是公开听证还是不公开听证；听证主持人和记录人应是行政许可机关的负责行政许可工作的人员，申请人、利害关系人认为主持人与该行政许可事项有直接利害关系、申请回避的除外。笔录完成后，必须交听证当事人人审阅，没有阅读能力的，向其宣读。

4. 注意事项　听证笔录是行政机关作出或不作出行政许可决定的重要根据之一。申请人、利害关系人陈述申辩的依据、理由、意见、建议逐一记录清楚，记录要完整、真实、准确。依据法律、法规、规章规定应当听证，或者行政机关认为其涉及公共利益应当听证，同样要记录要完整、准确。

（十四）《行政许可听证意见书》

1. 适用范围　《行政许可听证意见书》是指听证结束后，听证主持人向本机关负责人提交的关于听证情况和处理意见的文书。

2. 范例

<h1 style="text-align:center">行政许可听证意见书</h1>

事由		听证主持人	
		记录人	

听证会主要情况（详见笔录，笔录附后）：①

所附材料清单	材料名称	数量

听证结论及意见：②

主持人签章：

年　　月　　日

单位负责人意见：

签名：

年　　月　　日

备注：

3. 填写说明 ①听证意见书应当简明扼要、客观公正介绍案件基本情况，案件承办人对案件事实认定、相关证据、理由以及处理意见，当事人陈述申辩的理由和要求，并将《听证笔录》附在《听证意见书》后备查；②意见书应有"听证结论及意见"。听证主持人综合行政许可承办人员、相关当事人发表的意见以及证据，明确提出是否准予行政许可的处理意见。

（十五）《行政许可审查延期申请书》

1. 适用范围 《行政许可审查延期申请书》依据《行政许可法》第四十二条第一款制作，是指行政机关审查行政许可申请时，认为不能在法定期限内作出行政许可决定的，向单位负责人提出延长审查期限使用的内部文书。

2. 范例

行政许可审查延期申请书

江食药监许延申字〔2012〕1号①

许可事项②	第二、三类医疗器械生产企业许可证核发		受理时间	2012.07.02
申请人③	姓名	/	身份证号码	/
	单位名称	江南奥翔医疗科技有限公司	法定代表人（或负责人）	李华
延期审查意见及理由④	在审查该行政许可申请过程中，因受特大洪涝灾害影响，延误现场核查时间，不能在法定期限30日内作出行政许可决定。现申请办理期限延长10日，至2012年8月25日。 经办人员：肖克 2012年8月9日			
部门负责人审核意见⑤	情况属实，建议予以批准。 签章： 董清华 2012年8月10日			
单位负责人审批意见⑥	同意延期。 签章： 张大新 2012年8月10日			

3. 填写说明 ①文书种类可用"许延申"表示，按照该类文书年内顺序号编号；②填写申请的行政许可事项名称和出具受理通知书的时间；③申请人为个人的，填写姓名、身份证号码；申请人为单位的，填写单位名称、法定代表人（或负责人）；④由负责审查该行政许可申请的工作人员填写，要写清楚行政许可审查的进展情况、审查意见和延期理由等；⑤由负责行政许可工作的部门负责人或者法制部门负责人填写，要明确给出是否同意延期的意见及理由；⑥由本行政机关主要负责人签署明确的审批意见。

4. 注意事项 ①依照《行政许可法》第四十二条，如果医疗器械法律法规未对行政许可事项进行期限方面的规定，则法定办理期限为 20 日；如果有特别规定的，应当从其规定。行政许可机关在法定期限内不能作出行政许可决定的，工作人员应当提前提出延期申请；②行政机关有承诺办理时限的，应当遵守其承诺的期限。承诺时限不得超出法定时限。在承诺期限内不能作出行政许可决定的，工作人员可参照提出延期申请；③一般延期审查的时间不超过 10 日。延期审查被批准后，行政许可机关应当将延长的期限和理由告知申请人；④根据《行政许可法》第八十二条的规定，行政许可期限的规定是指工作日，不含法定节假日。参照民事诉讼法有关期间的规定，期间以时、日、月、年计算。期间开始的时和日，不计算在期间内，而是从开始后的次时、次日起算，即从下一小时和第二日的零点开始起算。

（十六）《行政许可延期通知书》

1. 适用范围 《行政许可延期通知书》依据《行政许可法》第四十二条第一款制作，是指行政机关不能在法定期限内作出行政许可决定，经本行政机关负责人批准后，告知申请人延期作出时使用的文书。

2. 范例

行政许可延期通知书

江食药监许延告 ［2012］1 号 ①

江南奥翔医疗科技有限公司 ：

你（单位）提出的 _第二、三类医疗器械生产企业许可证核发_ 行政许可申请，我机关已于 2012 年 _7_ 月 _2_ 日受理。由于 _按照国家食品药品监督管理局《医疗器械生产监督管理办法》规定，应当对你单位申请的事项进行现场核查。因受我省特大洪涝灾害影响，延误了现场核查时间②_ 的原因， _30_ ③日内不能做出行政许可决定。

根据《中华人民共和国行政许可法》第四十二条的规定，经本机关负责人批准，审查期限延长 _10④_ 日，将于 _2012_ 年 _8_ 月 _25_ 日前作出许可决定。

联系人：肖克   联系电话：0123 – 88888888

江南省食品药品监督管理局（印章）

2012 年 8 月 1 日

本文书一式两份，一份送当事人，一份行政机关存档

3. 填写说明 ①文书种类可用"许延告"表示，按照该类文书年内顺序号编号；②填写延期作出许可决定的具体理由；③填写作出行政许可决定的法定期限；有承诺时限的，可填写承诺时限；④明确经批准延长的期限和具体时间。

（十七）《行政许可审查意见书》

1. 适用范围 《行政许可审查意见书》是指行政机关依照法定条件、标准对行政许可申请审查后，按照规定的程序提出准予或者不予行政许可的意见，提请机关负责

人批准的内部流转文书。

2. 范例

行政许可审查意见书①

江食药监许审 ［2012］130号 ②

许可事项		第二、三医疗器械生产企业许可证核发	受理时间	2012.07.02
申请人	姓名	/	身份证号码	/
	单位名称	江南健达医疗科技有限公司	法定代表人（或负责人）	李华
行政许可审查情况		按照《医疗器械生产监督管理办法》审查，该申请符合法定条件和标准。		
承办人审查意见		建议准予许可。 承办人员（签名）：肖克 2012 年 8 月 22 日		
部门负责人审核意见		同意经办人意见，请领导审批。 签章：董清华 2012 年 8 月 23 日		
单位负责人审批意见③		准予许可。 签章：张大新 2012 年 8 月 23 日		

3. 填写说明 ①行政机关一般对行政许可内部工作流程有所规定。常见的工作流程包括三个环节，即：承办人员审查意见—部门负责人审核意见—单位负责人审批意见。但实践中并非完全遵照以上流程。《行政许可法》的宗旨之一就是要简化许可程序、减少环节，这也是行政审批制度改革的重要内容。因此，在保证质量的前提下，对某些行政许可事项可简化《行政许可审查意见书》的流转环节。②文书种类可用"许审"表示，按照该类文书年内顺序号编号；③审批意见可由单位主要领导签署，但也可根据机关内部职责分工由主管领导签署。

（十八）《准予行政许可决定书》

1. 适用范围　《准予行政许可决定书》依据《行政许可法》第三十八条第一款制作，是指行政机关经依法审查对符合法定条件和标准的行政许可申请作出准予行政许可决定时适用的文书。

2. 范例

准予行政许可决定书

江食药监许准［2012］120 号 ①

　　__江南奥翔医疗科技有限公司__　：

　　你（单位）于　__2012__　年　__7__　月　__2__　日向本机关提出的　__第二、三类医疗器械生产企业许可证核发__　行政许可申请（受理号：　__江食药监许受［2012］130 号 ②__　），经依法审查，符合法定条件和标准，根据《中华人民共和国行政许可法》第三十八条第一款和　__《医疗器械监督管理条例》第二十条第二款款③__　的规定，决定准予许可。具体许可内容如下：　__准予核发第二、三类医疗器械生产企业许可证。④__

江南省食品药品监督管理局

（印章）

2012 年 8 月 23 日

　　本文书一式两份，一份送当事人，一份行政机关存档。

3. 填写说明　①文书种类可用"许准"表示，按照该类文书年内顺序号编号；②受理号应与"受理通知书"上的编号一致；③填写行政许可所依据的医疗器械法律法规名称和具体条款；④填写作出行政许可决定的事项名称和内容。如果该行政许可有时间、场所或者其他特殊要求、限制的，应当加以说明。

4. 注意事项　①作出行政许可决定的时间，应当以行政机关负责人审批的时间为准；②行政机关作出准予行政许可的决定，需要颁发行政许可证件的，应当当场或者10 日内向申请人颁发加盖本行政机关印章的行政许可证件。

（十九）《不予行政许可决定书》

1. 适用范围　《不予行政许可决定书》依据《行政许可法》第三十八条第二款制作，是指行政机关认为行政许可申请不符合法定条件和标准、或者存在依法不应予行政许可的情形，决定不准予行政许可时适用的文书。

2. 范例

不予行政许可决定书

滨食药监许不予〔2012〕5号 ①

　　__滨海市益生医疗设备有限公司__：

　　你（单位）于__2012__年__10__月__15__日向本机关提出的__第二、三类医疗器械经营企业许可证核发__行政许可申请（受理号：__滨食药监许受〔2012〕125号 ②__），经依法审查，不符合《医疗器械监督管理条例》第二十三条第二项和《医疗器械经营企业许可证管理办法》第六条第一项 ③ 规定的条件和标准，依照《中华人民共和国行政许可法》第三十八条第二款规定，决定不予许可，理由如下：__质量管理人员林中文秘专业大专学历，助理会计师，不具有与拟经营范围（第二、三类6840临床检验分析仪器）相适应的国家认可的相关学历或者职称，不符合法定条件和标准。④__

_____

_____

_____

_____。

　　你（单位）对本决定不服，可以在收到本决定书之日起60日内向__滨海市人民政府或者江南省食品药品监督管理局__申请行政复议，或者在3个月内直接向__滨海市上城区人民法院__提起行政诉讼。⑤

滨海市食品药品监督管理局

（印章）

2012年10月30日

本文书一式两份，一份送当事人，一份行政机关存档。

　　3. 填写说明　①文书类别可用"许不予"表示，按照该类别年内顺序号编号；②受理号应与"受理通知书"上的编号一致；③填写行政许可所依据的医疗器械法规或规章名称和具体条款；④填写不予行政许可的具体理由和法律依据。⑤可向申请行政复议的机关是作出许可决定的药品监管部门同级人民政府或者上一级药品监管部门；可向提起行政诉讼的机关，是具有管辖权的人民法院。

　　4. 注意事项　①根据2012年9月23日《国务院关于第六批取消和调整行政审批项目的决定》（国发〔2012〕52号），第二、三类医疗器械经营许可实施机关已调整为设区的市级药品监管部门；②不予行政许可的理由应合法、充分，有事实的依据；③必须告知被许可人依法享有的权利，明确法律救济的途径；④根据检验、检测、检疫结果，作出不予行政许可决定的，应当在"理由"栏说明不予行政许可所依据的技术标准、技术规范。

　　（二十）《准予变更行政许可决定书》、《不予变更行政许可决定书》、《准予延续行政许可决定书》、《不予行政许可延续决定书》

　　1. 适用范围　以上文书依据《行政许可法》第四十九条、第五十条第二款制作，是指申请人提出变更原核准的行政许可具体内容、或者提出延续有效期将届满的行政许可申请，行政机关经审查后作出是否准予变更或延续决定时使用的文书。

2. 范例

准予变更行政许可决定书

江食药监许变 ［2012］ 55 号

___江南奥翔医疗科技有限公司___ ：

你（单位）于___2012___年___10___月___15___日向本机关提出的___第二、三类医疗器械生产企业许可证生产范围___变更行政许可申请（受理号：___江食药监许受［2012］165 号___），经依法审查，符合法定条件和标准，根据《中华人民共和国行政许可法》第四十九条和___《医疗器械监督管理条例》第二十四条第二款___的规定，决定准予变更。具体许可内容如下：___《医疗器械生产企业许可证》生产范围由第二类 6821 医用电子仪器设备、第三类 6866 医用高分子材料及制品变更为第二类 6821 医用电子仪器设备、第三类 6866 医用高分子材料及制品、第二类 6841 医用化验和基础设备器具。___

江南省食品药品监督管理局（印章）

2012 年 10 月 22 日

本文书一式两份，一份送当事人，一份行政机关存档。

不予变更行政许可决定书

滨食药监许不变 ［2012］ 2 号

___滨海市益生医疗设备有限公司___ ：

你（单位）于___2012___年___10___月___15___日向本机关提出的___第二、三类医疗器械经营企业许可证质量管理人员___变更行政许可申请（受理号：___滨食药监许受［2012］165 号___），经依法审查，不符合___《医疗器械监督管理条例》第二十三条第二项和《医疗器械经营企业许可证管理办法》第六条第一项___规定的条件和标准，依照《中华人民共和国行政许可法》四十九条规定，决定不予变更，理由如下：___新任质量管理人员林中文秘专业大专学历，助理会计师，不具有与持有的《医疗器械经营企业许可证》经营范围（第二、三类 6840 临床检验分析仪器）相适应的国家认可的相关学历或者职称，不符合法定条件和标准。___

你（单位）对本决定不服，可以在收到本决定书之日起 60 日内向___滨海市人民政府或者江南省食品药品监督管理局___申请行政复议，或者在 3 个月内直接向___滨海市上城区人民法院___提起行政诉讼。

滨海市食品药品监督管理局（印章）

2012 年 10 月 30 日

本文书一式两份，一份送当事人，一份行政机关存档。

准予延续行政许可决定书

江食药监许延 [2012] 35 号

__江南省奥力奇医疗器械开发有限公司__ ：

你（单位）于 __2012__ 年 __9__ 月 __15__ 日向本机关提出的 __第二、三类医疗器械生产企业许可证__ 延续行政许可申请（受理号： __江食药监许受 [2012] 130 号__ ），经依法审查，符合法定条件和标准，根据《中华人民共和国行政许可法》第五十条第二款和 __《医疗器械监督管理条例》第二十条第三款__ 的规定，决定准予延续。具体许可内容如下： __准予换发《医疗器械生产企业许可证》，有效期延续至 2017 年 10 月 21 日。__

_____

_____ 。

江南省食品药品监督管理局（印章）

2012 年 10 月 22 日

本文书一式两份，一份送当事人，一份行政机关存档。

不予延续行政许可决定书

滨食药监许不延 [2012] 3 号

__滨海市益生医疗设备有限公司__ ：

你（单位）于 __2012__ 年 __10__ 月 __15__ 日向本机关提出的 __第二、三类医疗器械经营企业许可证__ 延续行政许可申请（受理号： __滨食药监许受 [2012] 165 号__ ），经依法审查，不符合《医疗器械监督管理条例》第二十三条第二项和《医疗器械经营企业许可证管理办法》第六条第一项规定 的条件和标准，依照《中华人民共和国行政许可法》四十九条规定，决定不予变更，理由如下： __质量管理人员林中文秘专业大专学历，助理会计师，不具有与拟延续的《医疗器械经营企业许可证》经营范围（第二、三类 6840 临床检验分析仪器）相适应的国家认可的相关学历或者职称，不符合法定条件和标准。__

_____ 。

你（单位）对本决定不服，可以在收到本决定书之日起 60 日内向 __滨海市人民政府或者江南省食品药品监督管理局__ 申请行政复议，或者在 3 个月内直接向 __滨海市上城区人民法院__ 提起行政诉讼。

滨海市食品药品监督管理局（印章）

2012 年 10 月 30 日

本文书一式两份，一份送当事人，一份行政机关存档。

3. 注意事项 ①《准予变更（延续）行政许可决定书》、《不予变更（延续）行政许可决定书》实际上都是行政许可决定书的表现形式，格式分别与《准予行政许可决定书》、《不予行政许可决定书》基本相同，使用时可以归并到后两者中，也可以单独使用；②作出准予或不准予变更（或延续）行政许可决定前，同样需要制作《行政许可审查意见书》，经过行政机关内部审批流程；③作出对申请人不利的行政许可决定时，都要告知法律救济的途径。

（二十一）《变更、撤回行政许可决定书》

1. 适用范围 《变更、撤回行政许可决定书》依据《行政许可法》第八条第二款制作，是指被许可人原依法取得的行政许可，因发生法定事由，为了公共利益的需要行政机关变更或者撤回已经生效的行政许可时适用的文书。法定事由是指行政许可所依据的法律、法规、规章修改或者废止，或者准予行政许可所依据的客观情况发生了重大变化。

2. 范例

变更、撤回行政许可决定书

×食药监许撤回〔2007〕5号①

　　江南省奥力奇医疗器械开发有限公司 ：

　　你（单位）于 2007 年 5 月 10 日取得的 ×××医疗器械新产品证书核发② 行政许可（许可决定书编号 ×食药监许新证〔2007〕25号 或者行政许可证书编号 ／ ③），因出现如下原因：

　　2007年10月9日国务院颁布《关于第四批取消和调整行政审批项目的决定》（国发〔2007〕33号），取消了原由《医疗器械监督管理条例》设定的"医疗器械新产品证书核发"行政许可事项。你（单位）原取得的行政许可法律法规依据已经失效④＿＿＿＿＿＿＿＿＿＿＿＿＿＿＿＿＿＿

＿＿＿，根据《中华人民共和国行政许可法》第八条第二款的规定，本机关决定变更（撤销）该行政许可。由此造成合法财产损失的，你（单位）可以以书面的形式提出具体补偿申请。

　　如对本决定不服，可以在收到本决定书之日起60日内向 ×××××××× 申请行政复议，或者在3个月内直接向 ×××××××× 提起行政诉讼。

　　本机关地址：北京市××区×××西大街××号院×号楼

　　联系人：×××　　　　　　　　联系电话：(010) ×××××××

××食品药品监督管理局（印章）

2007 年 11 月 1 日

本文书一式两份，一份送当事人，一份行政机关存档。

（注：如是变更决定，变更内容应附后）

3. 填写说明 ①文书种类可用"许撤回"或"许更"表示，按照该类别年内顺序号编号；②填写原许可的行政许可事项及内容；③填写原作出的行政许可决定书编号或者核发的行政许可证件编号；④写明作出变更、撤回原行政许可的原因（理由）及法律依据。

4. 注意事项 ①作出变更、撤回决定必须经过行政机关内部审批流程，经行政机关负责人批准；②被许可人认为变更、撤回行为造成其合法财产损失的，可以提出补偿申请。行政机关经法定程序准予补偿的，需制作《变更（撤销）行政许可补偿决定书》（略）；③应当告知被许可人对此行为的法律救济途径。

（二十二）《撤销行政许可决定书》

1. 适用范围 《行政许可撤销决定书》依据《行政许可法》第六十九条制作，是指行政许可存在法定撤销的情节，作出行政许可决定的行政机关或者其上级行政机关，根据利害关系人的请求或者依据职权依法撤销该行政许可时使用的文书。依法可以撤销的情形有：①行政机关工作人员滥用职权、玩忽职守作出准予行政许可决定的；②超越法定职权作出准予行政许可决定的；③违反法定程序作出准予行政许可决定的；④对不具备申请资格或者不符合法定条件的申请人准予行政许可的；⑤依法可以撤销行政许可的其他情形。被许可人以欺骗、贿赂等不正当手段取得行政许可的，应当予以撤销。

2. 范例

行政许可撤销决定书

江食药监许撤销［2012］1号①

__滨海市健达医疗器械有限公司__：

你（单位）于 __2012__ 年 __6__ 月 __30__ 日取得的 __第二类医疗器械止血海绵产品注册__ ② 行政许可（许可决定书编号 __/__ 或者行政许可证书编号 __注册证：江食药监械（准）字2012第2640056号③__），经调查核实，存在如下情形：__你提交的申请材料中，注册产品的全性能检测报告，系篡改×××医疗器械检验所检测报告中的数据伪造而成，存在以欺骗手段取得行政许可的事实。④__

_____。

根据《中华人民共和国行政许可法》第六十九条第二款第 __/__ 项的规定，决定撤销该行政许可。（由此合法权益受到损害的，你（单位）可以以书面的形式提出具体赔偿申请。）

你（单位）对本决定不服，可以在收到本决定书之日起60日内向 __江南省人民政府或者国家食品药品监督管理局__ 申请行政复议，或者在3个月内直接向 __滨海市上城区人民法院__ 提起行政诉讼。

本机关地址：滨海市上城区人民路东池巷21号
联系人：舒畅　　　　　　　联系电话：0123–88888888

江南省食品药品监督管理局（印章）
2012 年 8 月 1 日

3. 填写说明 ①文书种类可用"许撤销"表示，按照该类别年内顺序号编号；

②填写原许可的行政许可事项及内容；③填写原作出的行政许可决定书编号或者核发的行政许可证件编号；④按照《行政许可法》第六十九条第一款、第二款规定的情形填写具体事实，撤销所依据的法律条、款应与具体情节相对应。

4. 注意事项　①作出撤销决定必须经过行政机关内部审批流程，经行政机关负责人批准。②被许可人认为撤销行为造成其合法权益受到损害的，可以提出赔偿申请。行政机关认为符合《行政许可法》第六十九条第四款规定应当给予赔偿的，经法定程序作出赔偿决定，制作《撤销行政许可赔偿决定书》（略）。③应当告知被许可人对此行为的法律救济途径。④被许可人以欺骗、贿赂等不正当手段取得行政许可的政许可，基于行政许可取得的利益不受保护，行政机关不承担赔偿义务，文书中不需要告知被许可人享有提出赔偿的权利。⑤应当告知被许可人对此行为的法律救济途径。

（二十三）《注销行政许可决定书》

1. 适用范围　《注销行政许可决定书》依照《行政许可法》第七十条制作，是指行政机关基于特定事实的出现，依照法定程序终止行政许可效力使用的文书。《行政许可法》第七十条规定应当依法办理行政许可注销手续的情形有：①行政许可有效期届满未延续的；②赋予公民特定资格的行政许可，该公民死亡或者丧失行为能力的；③法人或者其他组织依法终止的；④行政许可依法被撤销、撤回，或者行政许可证件依法被吊销的；⑤因不可抗力导致行政许可事项无法实施的；⑥法律、法规规定的应当注销行政许可的其他情形。

2. 范例

注销行政许可决定书

江食药监许注〔2012〕2号①

___滨海市元康医疗器械经营有限公司___：

　　你（单位）于___2007___年___6___月___6___日取得的___第二、三类医疗器械经营___②行政许可（许可决定书编号___江食药监许准〔2007〕50号___或者行政许可证书编号___／___③），经调查核实，存在如下情形：___行政许可有效期2012年6月5日届满，你未提出延续申请④___

　　根据《中华人民共和国行政许可法》第七十条第___一___项的规定，本机关决定注销该行政许可。

　　你（单位）对本决定不服，可以在收到本决定书之日起60日内向___江南省人民政府或者国家食品药品监督管理局___申请行政复议，或者在3个月内直接向___滨海市上城区人民法院___提起行政诉讼。

江南省食品药品监督管理局（印章）

2012年8月10日

本文书一式两份，一份送当事人，一份行政机关存档。

3. 填写说明　①文书种类可用"许注"表示，按照该类别年内顺序号编号；②填写原许可的行政许可事项及内容；③填写原作出的行政许可决定书编号或者核发的行政许可证件编号；④按照《行政许可法》第七十条规定的情形填写具体事实，注销所依据的项目应与具体情节相对应。

4. 注意事项 ①行政机关可以依照《行政许可法》第七十条的规定，依职权作出行政许可注销决定，也可以依被许可人的申请，对其取得的行政许可进行注销。依申请作出的《注销行政许可决定书》格式和内容与"范例"有所不同，需另行制作格式文本；②作出注销决定必须经过行政机关内部审批流程，经行政机关负责人批准；③作出决定时应当告知被许可人法律救济途径；④行政许可注销后，行政机关依据法定程序收回行政许可证件或者公告行政许可失去效力。

（二十四）《行政许可文书送达回证》

1. 适用范围 《行政许可文书》送达回证是指行政机关按照一定格式制作、用以证明送达行政许可文书的凭证。它既是送达行为证明，又是受送达人接受送达的证明，是行政机关与受送达人之间发生诉讼法律关系的凭证。

2. 范例

行政许可文书送达回证

江食药监许准送 ［2012］120 号

送达文件（许可证）名称：__《准予行政许可决定书》__

　　送达文书文号或许可证件编号：__江食药监许准 ［2012］120 号__

　　送达机关：__江南省食品药品监督管理局__

　　受送达人：__江南奥翔医疗科技有限公司__

　　送达地点：__滨海市上城区中山街 12 号江南奥翔医疗科技有限公司注册地__

　　送达时间：__2012 年 8 月 25 日__

　　送达方式：☑直接送达；□邮寄送达；□留置送达；

　　　　　　　□转交送达□公告送达；□其他方式送达。

　　　　　　　（在采用方式前的□划√）

　　受送达人（代收人、转交人或见证人）签字或盖章：__李华__

　　　　　　　　　　　　　　　　　　　　　　　日期：2012 年 8 月 25 日

　　送达人签字或盖章：__肖克__

　　　　　　　　　　　　　　　　　　　　　　　日期：2012 年 8 月 25 日

备注：（记明在送达过程中遇到的特殊或意外等情形）

（注：①因受送达人本人或者代收人拒绝接收或者拒绝签名、盖章，需采用留置送达方式的，须邀请到场见证人签名或者盖章；②邮寄、公告送达的，须附有关邮寄凭证、公告原件③证照类许可事项有证照内容摘要或备份附于回证背面）

（二十五）《行政许可办结报告》

1. 适用范围 《行政许可办结报告》属于行政机关内部管理文书，是指行政许可办结后，对行政许可实施过程及结果有关重要事项进行登记的书面记录。

2. 范例

行政许可办结报告

单位：江南省食品药品监督管理局（印章）

申请人 （或被许可人）	名称	江南奥翔医疗科技有限公司	法定代表人	李华
	地址	滨海市上城区中山街 12 号	电话	0123 – 86867788
	姓名	/	身份证号码	/
	所在单位	/	电话	/
行政许可事项	第二、三类医疗器械生产企业许可证核发			
办理内容	☑初次申请 □延续□变更□撤回□撤销□注销			
行政许可文书文号	江食药监许准 ［2012］120 号		发文日期	2012 年 8 月 23 日
审查情况、理由及决定内容	申请人 2012 年 7 月 10 日提出行政许可申请，按照《医疗器械监督管理条例》和《医疗器械生产监督管理办法》审查，符合法定条件和标准，决定准予核发第二、三类医疗器械生产企业许可证。			
办结方式	☑依程序办结□复议结案 □诉讼结案			
备注	/			

填表人：　　　　　　　　　　　　　　　　　　　　　　王晓 2012 年 8 月 25 日

思 考 题

1. 国家食品药品监督管理部门制定的规章能设定医疗器械行政许可吗？为什么？

2. 目前省（区、市）药品监管部门和设区的市级药品监管部门实施的医疗器械行政许可项目各有哪些？

3.《行政许可法》规定的行政许可实施程序分哪些环节？

4. 药品监管部门在受理医疗器械行政许可申请时，根据不同的情况应分别制作什么文书？

5. 需要送达申请人的常见的行政许可文书有哪些？

6. 行政许可文书的合法性要求体现在哪些方面？具体要求是什么？

7. 如何适用各类许可文书？

参 考 文 献

[1] 高金波，郎佩娟. 中国行政执法文书理论与实践. 北京：法律出版社，2010.

[2] 余万里，食品药品监督管理行政执法文书写作指南. 北京：中国医药科技出版社，2007.

[3] 詹积富，金永熙. 药品医疗器械法律文书制作实务. 北京：化学工业出版社，2007.